Nathalie Clobert
Hochsensibel

Nathalie Clobert

Hochsensibel

Schicksal oder Chance einer besonderen Begabung

Aus dem Französischen von Ilona Zuber

Anaconda

Die französische Originalausgabe erschien 2017
unter dem Titel *Domptez votre hypersensibilité*
bei Leduc.s Éditions, Paris.

Illustrationen: Fotolia

Penguin Random House Verlagsgruppe FSC® N001967

Die Deutsche Nationalbibliothek verzeichnet diese Publikation in der Deutschen Nationalbibliografie; detaillierte bibliografische Daten sind im Internet unter http://dnb.d-nb.de abrufbar.

Umschlagmotive: Hintergrund Shutterstock / Valeriy Leonov;
Schmetterling Shutterstock / ecco
Umschlaggestaltung: Druckfrei. Dagmar Herrmann,
Bad Honnef
Satz und Layout: www.paque.de
Druck und Bindung: GGP Media GmbH, Pößneck
ISBN 978-3-7306-0951-4
www.anacondaverlag.de

Ganz herzlich danke ich all jenen, die mit ihren persönlichen Erfahrungsberichten oder auf andere Weise zur Entstehung dieses Buches beigetragen haben.

Ein riesiges Dankeschön gilt meiner kleinen Familie – für ihre Liebe und Unterstützung.

Für Cathy, in tiefer Verbundenheit.

Inhalt

Einführung

Im Kino gibt es immer jemanden, der beim Happy End weinen muss. Dieser Jemand sind Sie. Oft sagt man über Sie, Sie seien zu empfindlich. In der Liebe und in Freundschaften sind Sie zu ausgesprochen tiefen Bindungen fähig. Ihre Empathie ist sprichwörtlich. Wenn andere leiden, leiden Sie mit und sind für sie da. So bedingungslos, dass Sie darüber häufig sogar Ihre eigenen Bedürfnisse vergessen …

Umgekehrt kann Kritik Sie derart verletzen, dass Sie sich in Ihrer ganzen Persönlichkeit infrage gestellt sehen. Wenn ein Erlebnis Sie emotional aufwühlt, verlieren Sie rasch die Fassung. Und Dinge, die anderen offenbar kaum auffallen, können für Sie regelrecht zur Qual werden: Stimmengewirr an überfüllten Orten, das Klappern von Essbesteck auf Geschirr, grelles Scheinwerferlicht, ein plärrendes Radio am frühen Morgen oder ein laut telefonierender Mitreisender. Sie brauchen Stille, um sich zu konzentrieren, und Zeit, um zu innerer Ruhe zu finden.

Haben Sie ein schlechtes Gewissen, weil Sie Ihre Gefühle nicht im Griff haben? Haben Sie ein negatives Selbstbild aufgebaut? Womöglich halten Sie Ihre Hochsensibilität für eine Schwäche, vielleicht sogar für eine psychische Störung.

Vielleicht ist aber ja genau das Gegenteil der Fall? Was, wenn Ihre Empfindsamkeit kein Fehler wäre, den es zu korrigieren gilt, sondern vielmehr eine Ressource? Ein Potenzial, das nur geschickter ausgeschöpft werden müsste?

Hochsensible Menschen sind anders, keine Frage. Aber ihre Empfindsamkeit und ihr Einfühlungsvermögen sind eine besondere Begabung. Sie sind Experten für feine Zwischentöne und unterschwellige Signale. Vertrauen Sie Ihrem Gefühl. Erfahren Sie anhand der Tipps und Übungen in diesem Buch, wie Sie Ihre einzigartigen Fähigkeiten bestmöglich entfalten können.

Hochsensibel – was heißt das?

Wie ein Seismograf erfassen Sie einfach alles, was in Ihrem Innern und um Sie herum vor sich geht. Doch nicht nur das: Wie eine hochempfindliche Alarmanlage reagieren Sie auch äußerst heftig. Diese beiden Facetten Ihrer Persönlichkeit machen aus Ihnen einen ebenso empfindsamen wie leidenschaftlichen Menschen. Wenn Sie vermuten, dass Sie hochsensibel sind, lesen Sie weiter. Erkennen Sie sich wieder?

Kapitel 1

Sie haben besonders feine Antennen für alles, was Sie umgibt

Ihre fünf Sinne sind hochempfindlich

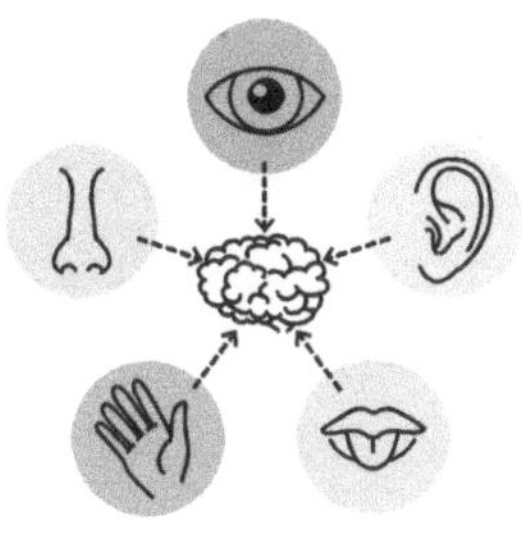

Ihr sensorisches System registriert Sinnesreize, die die meisten anderen Menschen überhaupt nicht wahrnehmen: einen leicht muffigen Geruch im Zimmer, das Netzbrummen eines Elektrogeräts, das Ticken einer Uhr, den leichten Luftzug durch zwei offen stehende Fenster ... Sie haben »Adleraugen«, »Ohren wie ein Luchs« und sind bekannt für Ihre feine Nase.

Valentin, 28:

»Ich habe Adleraugen.«

»In der Grundschule nannten mich die anderen Kinder ›Valentin Adlerauge‹. Wenn jemand irgendeinen winzig kleinen Gegenstand, zum Beispiel einen Ohrring, auf dem Schulhof oder im Klassenzimmer verloren hatte, wurde ich geholt. Ich habe ihn dann sofort gefunden.«

Sie können gar nicht anders: Ihre Wahrnehmung lässt sich einfach nicht abschalten, Ihre Sinne arbeiten ständig auf Hochtouren. So intensiv, dass es Ihnen manchmal sogar unangenehm ist.

Valérie, 30:

»Ich habe Ohren wie ein Luchs.«

»Wenn ich mit Freunden zusammensitze, bin ich die Einzige, die den leisen Brummton eines Handys hört. Das lenkt mich so stark ab, dass ich dem Gespräch nicht mehr folgen kann. Ich muss die Person dann bitten, den Vibrationsalarm auszuschalten.«

Nicht nur, dass Sie viel feinere »Antennen« haben als die meisten anderen Menschen, Sie nehmen die Sinnesreize aus Ihrer Umgebung auch wesentlich intensiver wahr – wie durch eine Lupe oder einen Verstärker. Gleich einem Sensor, der Ultraschall für das menschliche Gehör wahrnehmbar machen kann, erfassen und verstärken Sie die Informationen aus Ihrer Umgebung.

Sarah, 28:

»Manche Berührungsreize sind eine Qual für mich.«

»Schon als kleines Kind konnte ich es nicht ertragen, Samt zu berühren. Ob Sie es glauben oder nicht, aber das Geräusch verursacht mir Zahnschmerzen.«

Sie nehmen alles wahr, was in Ihrem Körper vor sich geht

Was für Ihre Umgebung gilt, gilt ebenso für Sie selbst und Ihren Körper. Mit gesteigerter Aufmerksamkeit nehmen Sie alles wahr, was in Ihrem Innern vor sich geht. Der leichteste Schmerz, das geringste Unwohlsein, die unscheinbarste Veränderung: Alles wird sofort registriert und durch die besagte Lupe begutachtet. Das führt dazu, dass Sie häufig Ärzte aufsuchen, um herauszufinden, was sich hinter diesen Anzeichen verbirgt (schließlich kann man nie wissen; es könnte ja der Beginn einer ernsten Erkrankung sein).

Manchmal sind Sie aber auch unschlüssig: Schon wieder zum Arzt? Gehen Sie ruhig hin! Dank Ihrer Hochsensibilität können bestimmte Krankheiten entdeckt und behandelt werden, bevor sie tatsächlich bedrohlich werden.

Ein hochsensibler Mensch irrt sich nur selten, wenn er vermutet, dass irgendetwas mit ihm nicht stimmt. Im Unterschied zum Hypo-

chonder beruhigt er sich aber, wenn man ihm eine überzeugende und stichhaltige Erklärung für seine Beschwerden liefert. Wichtig ist für ihn in erster Linie, seine Wahrnehmungen einordnen zu können.

Justine, 35:

»Wenn meine 12 Monate alte Tochter eine Krankheit ausbrütet, merke ich das sofort.«

»An der geringsten Verhaltensänderung der Kleinen erkenne ich, dass sie demnächst eine Bronchitis oder eine Mittelohrentzündung bekommt. Dann gehe ich sofort mit ihr zum Kinderarzt, der meine Vermutung in der Regel bestätigt. So kann meine Tochter schnell behandelt werden.«

Sie sind ständig auf Empfang

Die leisesten Veränderungen werden von Ihnen sofort registriert. Sich anzupassen fällt Ihnen manchmal schwer. Um Überraschungen zu vermeiden, versuchen Sie also, vieles vorauszuberechnen und Ihre Umgebung möglichst umfassend zu kontrollieren. Daher sind Sie extrem wachsam und haben jederzeit alles im Blick. Sie befinden sich in einem ständigen Alarmzustand.

Das ist mit ein Grund dafür, dass Sie ängstlicher wirken als die meisten anderen Menschen. Sie neigen stärker dazu, sich schon im Voraus wegen etwas Sorgen zu machen, das vielleicht gar nicht eintritt. Häufig versetzen Sie sich in die Zukunft, um Gefahren möglichst zu vermeiden und auf alle Eventualitäten vorbereitet zu sein; man bezeichnet dies als ängstliche Antizipation.

Nichts entgeht Ihnen

Auch in Ihren Beziehungen zu anderen sind Sie ständig auf Empfang. Ob Sie wollen oder nicht, die Gefühle, Stimmungen und Befindlichkeiten Ihrer Mitmenschen bekommen Sie einfach mit. Bei Menschen, die Ihnen nahestehen, kann es Sie mit so großer Wucht treffen, dass Sie sich kaum noch abgrenzen können. Sie fühlen und leiden mit, als wären Sie selbst betroffen, ohne jede Distanz, ohne Unterscheidung zwischen der anderen Person und sich selbst. In solchen Momenten kommen Sie an Ihre Grenzen.

Samir, 39:

»Wenn andere in Not sind, leide ich.«

»Die Sorgen von Familienmitgliedern oder guten Freunden belasten mich so stark, dass ich das Gefühl habe, ich würde sie selbst durchleben. Früher habe ich mich dann völlig aufgerieben, um ihnen zu helfen, aber irgendwann ist mir klar geworden, dass ich dabei oft meine eigenen Gefühle und Bedürfnisse vernachlässigt habe.«

Auch wenn andere gegen Sie voreingenommen sind, und sei es noch so unterschwellig, nehmen Sie dies mit übergroßer Deutlichkeit wahr. Eine solche Abneigung wird von Ihnen als Aggression erlebt und trifft Sie zuweilen so tief, dass Sie nicht mehr wissen, wie Sie sich verhalten sollen.

Paul, 46:

»Ein neuer Kollege hat mich mit seinem unterkühlten Verhalten total irritiert.«

»Ich merke einfach, dass bestimmte Dinge ihn stören. Auch wenn er nichts sagt, spüre ich das an seiner Reserviertheit und an seiner ganzen Art. Das verunsichert mich total. In Besprechungen traue ich mich nicht mehr, mich so unbefangen zu äußern wie früher.«

Sie registrieren die leisesten Zwischentöne

Mit Ihrem feinen Gespür für zwischenmenschliche Signale sind Sie imstande, sämtliche Schwingungen in Ihren Beziehungen zu anderen messerscharf zu erfassen. Am Tonfall Ihres Gesprächspartners erkennen Sie dessen Befindlichkeit. Widersprüche zwischen den Aussagen und dem Verhalten einer Person bemerken Sie sofort, auch wenn sie noch so subtil sind. Auch wenn Ihnen manchmal vorgehalten wird, dass Sie jedes Wort auf die Goldwaage legen oder alles überinterpretieren: Häufig liegen Sie genau richtig.

Wenn Sie sich bereits wegen Ihrer Hochsensibilität kritisiert oder gekränkt gefühlt haben, haben Sie womöglich ein Misstrauen gegenüber anderen Menschen und deren Meinung entwickelt. Sie haben Angst, jemand könnte ein schlechtes Bild von Ihnen haben, Sie verurteilen oder sogar ablehnen. Dieses Gefühl wird als soziale Angst bezeichnet. Die soziale Angst wiederum kann bewirken, dass Sie noch aufmerksamer das Verhalten und die Aussagen Ihrer Mitmenschen beobachten und schließlich ständig auf Anzeichen für Missachtung oder Gefahr lauern.

Oft haben Sie den »richtigen Riecher«

Bestimmt haben Sie schon zu hören bekommen, Sie seien viel zu empfindlich und fänden immer ein Haar in der Suppe. Manch einer hält Sie vielleicht sogar für paranoid, weil Sie dauernd analysieren, was andere sagen und tun. Doch trifft das tatsächlich zu?

Ein paranoider Mensch interpretiert zwar auch die Äußerungen und das Verhalten seiner Umgebung, aber seine Interpretationen gehen immer in dieselbe Richtung: Er wirft den anderen vor, ihn abzulehnen, sich über ihn lustig zu machen, ihn zu täuschen, gegen ihn zu intrigieren, ihm schaden zu wollen. Die anderen haben in seinen Augen nichts als schlechte Absichten, anders kann es gar nicht sein.

Ein Mensch mit einer paranoiden Störung ist felsenfest von seinen eigenen Einschätzungen überzeugt und vollkommen unfähig, sie zu hinterfragen, selbst wenn man ihm das Gegenteil beweist. Widerspruch lässt er nicht gelten. Er wird stets unerschütterlich an seiner Interpretation festhalten, auch wenn diese sich als falsch erweist. Es kommt sogar vor, dass er die vermeintlichen Signale aus seiner Umgebung erfindet – zutiefst überzeugt davon, dass sie tatsächlich existieren. Ein Dialog mit ihm ist unmöglich, er lebt in seiner eigenen Welt, umgeben von imaginären Feinden.

Hochsensible dagegen nehmen subtile Signale wahr, die tatsächlich vorhanden sind, aber Menschen mit normal entwickelter Sensibilität nicht auffallen. Eine andere hochsensible Person dagegen würde sie ebenfalls bemerken. Diese oftmals nonverbalen Signale werden von Hochsensiblen dann entschlüsselt und gedeutet.

Die Interpretation kann – je nach Situation – sowohl positiv (»Er freut sich, mich zu sehen«) als auch negativ (»Was ich gesagt habe, gefällt ihm nicht«) ausfallen oder auch danach fragen, wie es dem anderen geht (»Ich sehe an seinem Gesichtsausdruck, dass er deprimiert ist«) oder wie eine bestimmte Situation einzuschätzen ist (»Sie scheint einverstanden zu sein, er aber nicht, auch wenn er es nicht sagt«). Sehr oft liegen Hochsensible mit ihrer Interpretation richtig.

Natürlich kommt es auch vor, dass eine hochsensible Person etwas falsch interpretiert – etwa, weil sie nicht über alle nötigen Informationen verfügt oder weil sie ganz einfach von ihren Gefühlen überwältigt wird. Die bei Hochsensiblen häufig anzutreffende soziale Angst beispielsweise bedingt die zusätzliche Angst, kritisiert oder abgelehnt zu werden. Deshalb suchen Hochsensible in den Äußerungen oder im Verhalten ihrer Umgebung oft nach Anzeichen für Geringschätzung oder Abneigung. Weil ein hochsensibler Mensch mit großer sozialer Angst dazu neigt, nonverbale Signale anderer als Ablehnung oder Feindseligkeit auszulegen, kann er somit paranoid wirken, obwohl er es nicht ist.

Denn Hochsensible sind im Unterschied zu paranoiden Menschen stets in der Lage, ihre Einschätzungen zu hinterfragen. Wenn sich erweist, dass sie falsch lagen, können sie ihre Interpretation der empfangenen Signale revidieren. Sie sind offen für Kritik und bereit, ihre Meinung zu ändern. Ein Dialog mit ihnen ist möglich. Wenn sie von ihrer Umgebung Akzeptanz und Wertschätzung erfahren, können Hochsensible ihre soziale Angst überwinden.

Manchmal läuft alles aus dem Ruder

Wenn zu viele Eindrücke gleichzeitig auf Sie eindringen, wissen Sie nicht mehr, wo Ihnen der Kopf steht. Sie fühlen sich von Empfindungen und Informationen überflutet. Ihr Empfangssystem ist überlastet, Sie sind völlig konfus. Kein Wunder, schließlich ist Ihre Wahrnehmung so komplex, dass Sie im Vergleich zu den meisten anderen Menschen viel mehr Signale auf einmal empfangen.

Marianne, 33:

»Ich war total verwirrt.«

»In einer Besprechung wollte ich etwas äußern, was mir sehr wichtig war. Also machte ich meinem Vorgesetzten, der das Gespräch moderierte, ein Zeichen. Freundlich erteilte er mir das Wort. Ich fühlte mich unterstützt und wollte gerade anfangen zu sprechen. Aber im selben Augenblick nahm ich einen Blickwechsel zwischen zwei Kolleginnen wahr und etwas wie ein hämisches und komplizenhaftes Lächeln. Das hat mich total aus dem Konzept gebracht. Ich wusste nicht mehr, wie ich mich verhalten sollte. Einfach weitermachen auf die Gefahr hin, mich ihrem Spott auszusetzen? Natürlich wollte ich nicht von den anderen ausgegrenzt werden. Aber wenn ich jetzt klein beigäbe, wie würde mein Chef reagieren? Würde er mich für ängstlich oder willensschwach halten? All diese Gedanken gingen mir gleichzeitig durch den Kopf, ich verlor vollkommen den Faden und wusste nicht mehr, was ich machen sollte.«

Wenn zur gleichen Zeit widersprüchliche Informationen auf Sie eindringen, geraten Sie rasch aus der Fassung. Andere, denen Sie Ihre

Eindrücke zu erläutern versuchen, verstehen häufig nicht, was Sie meinen, finden Ihre Schilderungen unklar. Aber Sie sprechen eben über eine komplexe Realität, die weder schwarz noch weiß ist, sondern sich in unendlich vielen Grautönen präsentiert. Kein Wunder, dass Gespräche mit »Normalsensiblen« über solche Themen manchmal schwierig sind!

Kapitel 2

Sie empfinden alles intensiver

Sie sind äußerst empathisch

Sascha, 27:

»Im Theater bekomme ich als Zuschauer Lampenfieber.«

»Ein Beispiel für meine Hochsensibilität, das mir spontan einfällt, ist die Situation vor einer Theatervorstellung. Zwar bin ich nur Zuschauer, empfinde aber trotzdem Lampenfieber. Ich habe die gleichen körperlichen Symptome. Da ich selbst früher jahrelang Theater gespielt habe, kenne ich das Gefühl genau. Kurz vor Beginn des Stücks und unmittelbar, nachdem es angefangen hat, bin ich nervös. Ich kann einfach nicht anders, als mit den Schauspielern mitzufiebern, und hoffe, dass alles glattgeht ... Ich kann nichts dagegen machen; ich kann mir noch so oft sagen, dass das nicht mein Problem ist, es nützt nichts. Erst nach einer Weile, wenn ich mich, genau wie die Schauspieler, ›warmgelaufen‹ habe, geht es vorbei.«

Sie beobachten Ihre Mitmenschen sehr aufmerksam und können deren Gefühle intuitiv erfassen. Dadurch empfinden Sie auch die seelischen Notlagen anderer mit und möchten ihnen unbedingt beistehen. Ihr großes Einfühlungsvermögen und Ihre Toleranz bewirken, dass andere Menschen spontan auf Sie zukommen, um Ihnen ihre Sorgen und Nöte anzuvertrauen. Doch Vorsicht: Achten Sie darauf, sich selbst zu schützen, um nicht aus der Bahn geworfen zu werden.

Christoph, 28:

»Die Probleme der anderen laugen mich aus.«

»Die Leute spüren, dass Sie mit mir über alles reden können, und vertrauen sich mir gerne an. Ich bin ein sehr guter Zuhörer, aber auf Dauer bringen mich die Sorgen der anderen an den Rand der psychischen Erschöpfung. Ich lasse mir einfach alles aufbürden. Manchmal denke ich, dass ich überhaupt nicht die Kraft habe, all diese Probleme zu schultern.«

Wenn Ihnen die inneren Schutzmechanismen fehlen und die Gefühle anderer Menschen Sie daher vollkommen vereinnahmen, werden Sie irgendwann nichts mehr an sich heranlassen. Wie jemand, der bei Sturm die Fensterläden schließt, werden Sie emotional schwierigen Situationen ausweichen, da Sie der Kummer der anderen zu sehr belastet.

Mireille, 64:

»Ich fühle mich wie ein Schwamm.«

»Häufig werde ich von negativen Eindrücken aus meiner Umwelt regelrecht überwältigt. Neulich zum Beispiel bin ich in der Stadt an einem schlafenden Obdachlosen vorbeigekommen. Ich habe nicht einmal sein Gesicht gesehen, aber plötzlich war mir, als würde ich von einer riesigen Schmerzwelle überrollt. Das hat mich richtig fertiggemacht. Ich wollte nur noch schnell weg.«

Ihre Empathiefähigkeit ermöglicht Ihnen, sich in andere Menschen einzufühlen und Beziehungen zu ihnen aufzubauen. Das gelingt aber nur, wenn Sie in der Lage sind, die bei anderen wahrgenommenen Emotionen abzumildern und zu transformieren. Gerade wenn Sie besonders stark mit jemandem mitfühlen, geben Sie sich manchmal betont distanziert, um sich abzugrenzen. Doch diese Distanz ist kein Zeichen für mangelnde Sensibilität oder gar Egoismus; sie ist ein Schutzwall, den Sie errichtet haben, um nicht fortgerissen zu werden.

In Beziehungen geben Sie sich vollkommen hin

Sie besitzen die Fähigkeit, ein sehr reiches Gefühlsleben zu entfalten. Das gilt auch für Ihre Partnerschaften und Freundschaften.

Wenn Sie jemandem begegnen, der Ihr Herz höher schlagen lässt, sind Sie einfach »hin und weg«: Sie werden von Leidenschaft verzehrt und erleben alles, was mit dieser Person in Zusammenhang steht – Erwartung,

Furcht, Hoffnung, Begegnungen, Zweifel oder Nähe – extrem intensiv. Eine wahre Achterbahn der Gefühle!

Wenn Sie das Glück haben, auf jemanden zu treffen, der ebenso sensibel ist und die gleichen Bedürfnisse hat wie Sie, können Sie Momente der tiefsten Verbundenheit erleben, ein Gefühl der Einheit und der Verschmelzung, bei dem man ohne Worte kommuniziert, weil man einander intuitiv versteht. Hingebungsvoll und aufrichtig setzen Sie sich für Ihren Partner oder Ihre Partnerin und Ihre Freunde ein und knüpfen Beziehungen von außergewöhnlicher Verlässlichkeit und Tiefe.

Geht allerdings eine Verbindung in die Brüche, stürzen Sie in einen Abgrund. Bei einer Trennung fühlen Sie sich verraten. So groß wie Ihre Hingabe kann auch Ihre Verzweiflung sein. Denn natürlich begegnen Sie nicht allzu oft Menschen, die zu ebenso tiefen Bindungen fähig sind wie Sie selbst. Oft sind Sie sogar von anderen enttäuscht, weil diese Ihre Erwartungen an Nähe und Loyalität nicht erfüllen.

Genau aus diesem Grund gehen manche hochsensible Menschen engen Bindungen aus dem Weg gehen. Aus Angst vor Enttäuschungen ziehen sie es vor, sich zu schützen, und entwickeln Vermeidungsstrategien.

Béatrice, 46:

»Ich schotte mich gegen andere ab.«

»Früher sind meine Gefühle oft verletzt worden. Ich habe viel investiert, hatte immer ein offenes Ohr, war nie nachtragend. Inzwischen ist mir klar geworden, dass manche Leute meine Gutmütigkeit ausgenutzt haben. Zum Teil wurde ich erniedrigt und benutzt. Ich wollte immer Konflikte vermeiden, traute mich nicht, zu sagen, wenn mich etwas störte oder ich mich ungerecht behandelt fühlte. Eine Beziehung abzubrechen fiel mir ausgesprochen schwer. Nach der x-ten Enttäuschung habe ich dann beschlossen, mich zurückzuziehen und mich auf diese Weise zu schützen. Lange habe ich mir eingeredet, dass ich keine Freunde mehr haben will und niemanden mehr brauche.«

Ihre Stimmung kann leicht umschlagen

Auf einen Außenstehenden kann es zuweilen wirken, als würde Ihre Stimmung ohne erkennbare Gründe ständig schwanken. In Wirklichkeit jedoch reagieren Sie, hochsensibel wie Sie sind, permanent auf die Informationen, die Sie empfangen. Daher kann sich Ihre Laune schlagartig ändern. Sie sind also keineswegs »unberechenbar«, und Ihr Verhalten ist nicht »unbegründet«. Ihre Reaktionen haben stets eine Ursache. Die meisten Menschen bemerken diese nur nicht.

Manche werden Ihnen vielleicht auch vorwerfen, Sie seien unreif, weil Sie in ihren Augen überreagieren und zu Gefühlsausbrüchen neigen. Als ziele der normale menschliche Reifeprozess darauf ab, als Erwachsener in der Lage zu sein, seine Gefühle zu verbergen. Auf diesen Punkt werden wir noch eingehen, doch so viel sei schon vorweggenommen: Hochsensibilität ist kein Zeichen für Unreife.

Sie kennen die ganze Palette der Gefühle

Wer eine depressive Phase durchlebt, ist häufig sehr reizbar. Depressive haben nahe am Wasser gebaut, sind extrem dünnhäutig, reagieren auf die belangloseste Bemerkung, neigen zum Überinterpretieren und Schwarzsehen. Wo liegt also der Unterschied zwischen Depression und Hochsensibilität?

Hochsensibilität im Rahmen einer Depression tritt im zeitlichen Zusammenhang mit der Depression auf. Das heißt, die betreffende Person war zuvor nicht hochsensibel. Darüber hinaus empfinden depressive Menschen vor allem negative Emotionen (z. B. Traurigkeit, aber auch Angst und Wut), und die meisten wahrgenommenen Signale – egal, ob sie von anderen, von einem selbst oder aus der Umgebung kommen – werden negativ interpretiert. Die Anfälligkeit für negative Gefühle und Gedanken verschwindet nach der depressiven Phase jedoch wieder, und die Betroffenen sind wie früher.

»Echte« Hochsensible hingegen erleben die gesamte Palette der Gefühle, also positive *und* negative, mit besonderer Heftigkeit. Alles nimmt sie mit, sie weinen vor Freude ebenso wie vor Kummer. Bei ihnen setzen sich negative Empfindungen nicht fest, wie dies bei Depressiven der Fall ist, sondern gehen vorüber und machen Platz für die nächste Emotion (es sei denn, eine hochsensible Person ist zusätzlich depressiv).

Die Hochsensibilität ist bei diesen Menschen ein konstanter Wesenszug, das heißt sie sind schon lange oder sogar schon immer hochsensibel gewesen.

Depressiv oder hochsensibel?			
Depressiv	Hochsensibel	Hochsensibel und depressiv	
Emotionale Sensibilität			
Hochsensibel für »negative« Emotionen: Traurigkeit, Angst, Wut	Hochsensibel für die gesamte Bandbreite an Emotionen (»positive« und »negative«)	Hochsensibel für die gesamte Bandbreite an Emotionen	Überwiegend für »negative« Emotionen
Auftreten			
Akut	Schon immer	Schon immer	Akut

Sie haben Sinn für Kunst und Ästhetik

Alles Schöngeistige und Musische inspiriert Ihre Sensibilität. Sie haben ein Faible für Kunst (Literatur, Musik, Malerei, Kino, Ballett, Theater), weil diese Ihre Sinne unmittelbar anspricht und tiefe und facettenreiche Empfindungen in Ihnen hervorruft. Sie haben einen ausgeprägten Sinn für Ästhetik und sind sehr empfänglich für Harmonie und Schönheit. Die Begegnung mit einem Kunstwerk, das Sie berührt, ist für Sie ein intensiver ästhetischer Genuss.

Agathe, 32:

»Schon als Kind war ich von Musik zutiefst ergriffen.«

»Als Dreijährige saß ich einmal mit meinen Eltern in einem Straßencafé, als ein Mann mit einer Geige an unseren Tisch kam und zu spielen begann. Ich fing an zu weinen. Meine Eltern haben mich beiseitegenommen und gefragt: ›Was hast du denn?‹ Darauf ich: ›So schön.‹«

Sie brauchen ein intensives emotionales (Er-)Leben

Nicht alle hochsensiblen Menschen sind darauf bedacht, sich gegen allzu heftige Eindrücke und Gefühle zu schützen. Es gibt auch solche, die geradezu nach starken Reizen suchen. Für sie ist ein möglichst intensives Leben und Erleben existenziell; nur im Rausch der Sinnesempfindungen fühlen sie sich lebendig. Sie lieben diese emotionalen Achterbahnfahrten und versuchen um jeden Preis, auf dem Gipfel zu bleiben oder immer wieder dorthin zu gelangen.

Valentin, 28:

»Ich liebe das Abenteuer.«

»Ich träume eigentlich ständig vom Reisen. Mir ist klar geworden, dass es mir am besten geht, wenn ich unterwegs bin, ohne Plan und ohne zu wissen, was die nächsten Stunden oder Tage bringen werden. Zum ersten Mal habe ich das bei einer Reise nach Kanada erlebt. Es war ein Aufbruch ins Ungewisse. Zuerst haben wir im Bus das Land durchquert, von Quebec nach Alberta, und haben uns dann einen Wagen gemietet, ohne genau zu wissen, wo wir überhaupt hinfahren würden. Die vielen Eindrücke und Empfindungen, die man in solchen Situationen erleben kann, finde ich einfach großartig.«

Wenn Sie zu dieser Gruppe Hochsensibler gehören, brauchen Sie starke sensorische Erlebnisse. Je nachdem, welcher Ihrer Sinne besonders ausgeprägt ist, suchen Sie nach besonderen Erfahrungen im Bereich des Geschmacks (Essen und Trinken), der Berührung (Erotik), des Hörens (Musik), des Sehens (Ästhetik, Farben, Kunst) oder der Motorik (Bewegung, Tanz, Sport). Sie wollen diese Erfahrungen möglichst oft wiederholen und legen Wert darauf, dass sie außergewöhnlich, intensiv und anspruchsvoll sind.

Wenn Sie überreagieren ...

Weil in Ihrer Wahrnehmung vieles überdimensional erscheint (wie durch eine Lupe oder einen Verstärker), können Sie auch manchmal überreagieren.

Ein plötzliches lautes Geräusch lässt Sie aufspringen, Ihr Herz rast, als wären Sie in größter Gefahr, und Sie brauchen eine ganze Weile, um sich von dem Schrecken zu erholen. Die Musik der Nachbarn, die niemand anderen zu stören scheint, geht Ihnen schwer auf die Nerven. Der Schmerz in Ihrer Brust lässt Ihnen keine Ruhe; Sie malen sich aus, welche bedrohlichen Krankheiten dahinterstecken könnten und befürchten schon das Schlimmste. Wenn Ihnen eine Freundin am Telefon von ihrem Liebeskummer erzählt, werden Sie von Traurigkeit geradezu überwältigt.

Kurz, Sie sind eine hochempfindliche Alarmanlage, und deshalb sind auch Ihre Reaktionen hochemotional. Kein Wunder, dass man Ihnen häufig sagt: »Du übertreibst!«

Pauline, 31:

»Ich habe nah am Wasser gebaut.«

»Beim geringsten Anlass breche ich in Tränen aus. Ein rührender Moment in einem Film, ein Lied, das mich an etwas erinnert, eine Nachricht, eine Zärtlichkeit – schon heule ich los. Ich kann nichts dagegen tun. Das nervt mich total. Ist doch klar, dass andere das lächerlich finden.«

Bestimmte Wahrnehmungen oder Eindrücke sind so stark, dass sie bei Ihnen einen wahren Gefühlstsunami auslösen können: Es haut Sie einfach um. In solchen Situationen, in denen Sie sich nicht mehr unter Kontrolle haben, können Sie auf zwei sehr unterschiedliche Arten reagieren.

Die erste Möglichkeit ist, dass die Emotion Sie handlungsunfähig macht, Sie sozusagen lähmt. Dann versuchen Sie, sich mit allen Mitteln der Reizüberflutung und damit der ganzen Situation zu entziehen. Sie sagen die Verabredung mit Ihrem deprimierten Freund ab, weil sein Schmerz Sie belastet. Sie weichen Ihrem Chef aus, um Konflikten aus dem Weg zu gehen. Sie reagieren also mit Vermeidungsstrategien.

Valentin, 28:

»Die Emotionen der anderen überfordern mich.«

»Neulich wollte ich ein befreundetes Paar abholen, um gemeinsam auf eine Party zu gehen. Ich musste allerdings eine Weile warten, weil die beiden ewig brauchten, um sich fertigzumachen. Es wurde später und später. Zwischen meinen Freunden machte sich mit der Zeit eine gewisse Spannung breit, ihr Umgangston wurde immer gereizter. Irgendwann konnte ich es nicht mehr ertragen und wollte verschwinden. Als sie merkten, wie unangenehm die Situation für mich war, versuchten sie, mich zu beruhigen. Aber ich konnte unmöglich bleiben. Ich wollte nur noch nach Hause.«

Hélène, 42:

»Ich entziehe mich lieber.«

»Ich bin ein regelrechter Seismograf für die Gefühle anderer Leute. Ich kann ihnen ihre Stimmung sozusagen vom Gesicht ablesen. Oft weiß ich jedoch nicht, wie ich darauf reagieren soll. Wenn ich beispielsweise merke, dass jemand niedergeschlagen ist, bin ich vollkommen blockiert und bringe kein Wort heraus. Ich habe dann Angst, die Traurigkeit des anderen durch mein Verhalten noch zu verstärken. Weil ich völlig überfordert bin, entziehe ich mich.«

Die zweite Möglichkeit: Sie schaffen es nicht, sich zu beherrschen, Ihre Gefühle müssen sozusagen heraus, damit sich der emotionale Überdruck entladen kann. Sie reagieren impulsiv, werden panisch, brechen in Tränen aus oder bekommen einen Wutanfall. Ein solches Verhalten – auch hier wirkt wieder der Verstärkungseffekt – kann andere vor den Kopf stoßen. Meist finden sie es übertrieben und unangemessen.

Marianne, 33:

»Und dann bin ich ausgerastet.«

»Eine ganze Zeit lang habe ich darunter gelitten, dass sich ein paar Kollegen immer wieder über mich lustig machten. Ich habe versucht, mich nicht aufzuregen, sachlich zu bleiben und mir zu sagen, dass man es schließlich nicht jedem recht machen könne. Ich habe die Zähne zusammengebissen, denn im Grunde wusste ich, dass ich kompetent bin, und das wussten auch meine Vorgesetzten. Doch jeder spöttische Blick, jedes Zeichen der Geringschätzung, jedes unfreundliche Wort verletzten mich zutiefst. Dieses Mob-

> bing beherrschte nach und nach mein gesamtes Leben. Eines Tages kam es dann wieder zu einer Ungerechtigkeit, diesmal ziemlich offen und ziemlich gemein. Das brachte das Fass zum Überlaufen. Mein ganzer angestauter Zorn hat sich mitten in einer Besprechung entladen. Wutentbrannt habe ich den Kollegen die Meinung gesagt. Als ich wieder in meinem Büro war, bin ich heulend auf meinem Stuhl zusammengebrochen.«

Der Erschöpfung vorbeugen

Die Verarbeitung der vielen Eindrücke, die permanent auf Sie einströmen, zehrt an Ihren Kräften. Deshalb sind Sie auch schneller erschöpft als andere. Passen Sie auf sich auf! Genehmigen Sie sich Auszeiten, um sich von den zahlreichen Anforderungen zu erholen.

Da Sie so heftig reagieren, müssen Sie auch mehr Energie aufwenden, um Ihre Gefühle in den Griff zu bekommen. Wenn Sie erschöpft sind, nimmt daher Ihre Fähigkeit zur Selbstkontrolle ab. Bei Aufregung kommen Ihnen schneller die Tränen, und es fällt Ihnen schwerer, Ihre Wut zu beherrschen. So kommt es unter Umständen zu den berüchtigten Gefühlsausbrüchen, die andere vor den Kopf stoßen können und Ihnen das Leben manchmal schwer machen. Gute Gründe, sich zu schonen!

Caroline, 58:

»Ich muss mich emotional ›entladen‹.«

»Es tut mir so leid, dass ich vor Ihnen weine. Kein Sorge, es ist alles in Ordnung. Ich bin nur so ausgelaugt. Momentan habe ich einfach sehr viel zu tun, und diese Anspannung, die sich den ganzen Tag über anstaut, muss ich loswerden. Danach geht es mir schon etwas besser.«

Sie können abschätzige oder aggressive Reaktionen aus Ihrer Umgebung schlechter »wegstecken« als die meisten anderen Menschen. Regelmäßige Anfeindungen, auch wenn sie noch so unterschwellig geäußert werden, zermürben Sie. Um sie zu ertragen, müssen Sie an Ihre Energiereserven gehen. Daher sind Sie auch besonders anfällig für Mobbing.

Zwingen Sie sich nicht, solche Situationen um jeden Preis auszuhalten. Bleiben Sie vor allen Dingen immer achtsam mit sich selbst, schützen Sie sich und suchen Sie nach Strategien, um boshaften Menschen aus dem Weg zu gehen, die es nicht gut mit Ihnen meinen. (Tipps dazu finden Sie in Kapitel 6).

Hochsensible Menschen

- erkennen zuverlässig subtile Signale
- besitzen eine komplexe und präzise Wahrnehmung
- sind sehr empathisch
- haben ein feines Gespür für Details
- gehen tiefe und aufrichtige Beziehungen ein
- verfügen über ein ausgeprägtes emotionales Alarmsystem
- erleben sowohl positive als auch negative Gefühle besonders intensiv
- haben viel Sinn für Kunst und Ästhetik
- sind anfälliger für Ängste und Erschöpfung

Test: Sind Sie hochsensibel?

Haben Sie sich wiedererkannt? Zumindest in einigen Punkten? Wenn Sie sich fragen, ob auch Sie vielleicht hochsensibel sind, machen Sie den folgenden Test.

Welche der nachstehenden Aussagen treffen auf Ihre Persönlichkeit und Ihre Verhaltensmuster zu? Kreuzen Sie »ja« oder »nein« an.

	ja	nein
1. Sie nehmen Geräusche, Gerüche, visuelle Details oder Berührungsreize wahr, die andere in der Regel nicht bemerken.		
2. Hohe Lautstärke (Sirenen, Schreie, bestimmte Musikinstrumente usw.) können Sie kaum ertragen.		
3. Sie mögen kein zu helles Licht und keine grellen Farben.		
4. Starke Gerüche sind Ihnen unangenehm.		
5. Und zwar so sehr, dass Sie körperlich darunter leiden.		
6. Zu viele Geräusche oder andere Eindrücke aus Ihrer Umgebung beeinträchtigen Ihre Konzentration.		
7. Andere bezeichnen Sie als sensibel.		
8. Sie sind schnell gerührt.		

	ja	nein
9. Sie reagieren auf die kleinste Veränderung in Ihrer Umgebung.		
10. Sie erleben sowohl positive als auch negative Gefühle sehr intensiv.		
11. An der Stimme oder am Verhalten anderer Menschen können Sie sofort deren Gefühlslage erkennen.		
12. Wenn andere ängstlich oder deprimiert sind, fühlen Sie mit, sogar mit körperlichen Symptomen.		
13. Sie analysieren das Verhalten anderer genau und suchen für alles eine Erklärung.		
14. Andere vertrauen sich Ihnen gerne an.		
15. Manchmal würden Sie am liebsten weglaufen, um nicht mit einer allzu belastenden Emotion konfrontiert zu werden.		
16. Manchmal fühlen Sie sich emotional so überfordert, dass Sie »ausrasten« (Weinkrämpfe, Wutausbrüche).		
17. Sie gehen sehr tiefe partnerschaftliche oder freundschaftliche Bindungen ein.		
18. Trennungen und Konflikten mit Freunden nehmen Sie sich sehr zu Herzen.		
19. Aus Angst, enttäuscht oder verletzt zu werden, gehen Sie Bindungen aus dem Weg.		
20. Sie lieben die Kunst (Malerei, Musik, Theater, Literatur); von schöngeistigen Dingen fühlen Sie sich angesprochen und inspiriert.		

	ja	nein
21. Sie sind eine Genießernatur.		
22. Sie haben ein starkes ästhetisches Empfinden.		
23. Sie haben das Bedürfnis, diese Gefühle mit anderen Hochsensiblen zu teilen.		
24. Als Kind wurden Sie oft als sensibel oder empfindlich bezeichnet.		
25. Sie haben immer wieder das Bedürfnis, sich zurückzuziehen, um Ihre Empfindungen und Emotionen verarbeiten zu können.		
26. Sie sind schnell erschöpft und kommen schlecht mit Erschöpfung zurecht.		

Ihr Ergebnis

Zählen Sie zusammen, wie oft Sie »ja« angekreuzt haben:

- Weniger als achtmal: Ihre Sensibilität ist offenbar normal ausgeprägt.
- Acht- bis vierzehnmal: Sie sind sensibler als die meisten anderen Menschen.
- Mindestens fünfzehnmal: Möglicherweise sind auch Sie hochsensibel.

Dieser Test hat keinen diagnostischen Wert. Er dient dazu, Ihre Sensibilität einzuordnen und herauszufinden, welche bei hochsensiblen Menschen oft anzutreffenden Eigenschaften auch bei Ihnen vorhanden sind.

Coralie, 46:

»Nach einem Burn-out habe ich gelernt, achtsam mit mir umzugehen.«

»Damals hat mir meine Vorgesetzte das Leben schwer gemacht. Ich war völlig überarbeitet. Auf die Signale meines Körpers habe ich nicht geachtet und bin dann irgendwann zusammengeklappt. Ich hatte einen Burn-out. Ich habe dann mit einer Therapie begonnen, weil ich herausfinden wollte, wie es so weit kommen konnte.

Schon als Kind habe ich viel Verantwortung übernommen. Meine Eltern waren ständig mit ihren eigenen Problemen beschäftigt, für mich hatten sie weder Interesse noch Anerkennung. Um ihnen nicht zur Last zu fallen, habe ich mich zurückgenommen.

Grenzen zu setzen ist mir schwergefallen. Immer hatte ich vor allem das Befinden der anderen im Blick. Oft geriet ich an Männer, die mich ausgenutzt haben. Ich konnte mir einfach nicht vorstellen, dass sie schlechte Absichten haben könnten, und hoffte jedes Mal, dass sie sich mit der Zeit ändern würden. Die psychischen Probleme des Vaters meiner Tochter habe ich so lange ertragen, bis er schließlich die Familie bedroht hat. Nach der Trennung habe ich beschlossen, mich auf keine Bindung mehr einzulassen.

In der Therapie habe ich dann gelernt, in Beziehungen auf mein Bauchgefühl zu hören. Heute schütze ich mich. Sowohl bei Freundschaften als auch in der Liebe schaue ich genau, wer mir schadet und wer mich unterstützt. Ich bin heute wesentlich ruhiger. Mir ist klar geworden, dass ich keine Angst vor dem Alleinsein habe. Es war wichtig, dass ich mir ein positives Selbstbild aufgebaut und gelernt habe, mir selbst zu vertrauen.«

Ihre Hochsensibilität ist eine Stärke

Bekommen auch Sie immer wieder zu hören, Sie seien zu sensibel, zu emotional, zu empfindlich? Wenn man Ihnen dauernd einredet, dass Sie überreagieren, alles überinterpretieren und sich nicht im Griff haben, werden Sie vielleicht irgendwann selbst glauben, dass Sie ein Problem haben und »nicht normal« sind. Emotionalität wird in unserer Gesellschaft oft negativ bewertet. Dabei enthalten Emotionen wertvolle Botschaften, auf die Sie unbedingt hören sollten! Dann kann Ihre Hochsensibilität sich als wahre Quelle für zahlreiche Kompetenzen erweisen.

Kapitel 3
Ändern Sie zunächst Ihre Einstellung

Verdrängen Sie Ihre Gefühle nicht länger

In unserer modernen Gesellschaft steht Emotionalität nicht gerade hoch im Kurs. Das einzige allgemein akzeptierte Gefühl ist Freude. Aber keine tief empfundene, aufrichtige Freude, sondern eine aufgesetzte und gekünstelte, die ebenso abrufbar ist wie das obligatorische »Cheeeese« beim Gruppenfoto. Eine Mir-gehts-super-Maske, die man uns aufzwingt, um dem allgemeinen Trend zu entsprechen und bloß nichts von uns selbst preiszugeben.

Die übrigen Basisemotionen (Trauer, Angst, Wut) gelten als Zeichen von Schwäche oder mangelnder Selbstbeherrschung. Man bringt uns bei, sie zu verbergen. Sich nichts anmerken zu lassen und auf keinen Fall aus der Rolle zu fallen, sind ungeschriebene Gesetze. Wer solche »negativen« Gefühle zeigt oder, schlimmer noch, ihnen freien Lauf lässt, riskiert, marginalisiert und ausgegrenzt zu werden.

Von uns wird verlangt, uns ein Beispiel an jenen zu nehmen, die für uns entscheiden und die über unsere Gefühle oft einfach hinwegsehen. Wir sollen so tun, als ob unsere Emotionen nicht existierten. Wir sollen »vernünftig« sein und den Mund halten. Als seien Gefühlsäußerungen eine Bedrohung für die Gesellschaftsordnung.

Doch für diese soziale Forderung nach emotionaler Selbstkontrolle zahlen wir einen hohen persönlichen Preis.

Gefühle zulassen und äußern ist sinnvoll

Von klein auf bringt man uns bei, unsere Gefühle zu unterdrücken. Wie oft ist ein hochsensibles Kind von seinen Eltern getadelt worden: »Hör auf zu heulen, mit dir muss man sich ja schämen! Sollen die Leute vielleicht denken, dass du ein Baby bist? Oder schlecht erzogen?«

Bei Kleinkindern werden Gefühlsausbrüche noch als etwas Normales betrachtet. Dass es ihnen schwerfällt, Tränen oder Wut zurückzuhalten, ist allgemein akzeptiert. Wir kommen mit einem sehr spontanen und expressiven Set von Emotionen zur Welt; bevor wir sprechen lernen, sind sie unser wichtigstes Mittel, um unsere Bedürfnisse zu äußern und mit unserer Umgebung zu kommunizieren. Das Weinen eines kleinen Kindes ist eine Botschaft, die die Eltern lernen müssen, zu entschlüsseln.

Aber was bei den Allerkleinsten toleriert wird, lässt man einem etwas älteren Kind schon sehr bald nicht mehr durchgehen. Von ihm wird verlangt, sich zu beherrschen und klaglos hinzunehmen, dass seine Bedürfnisse nicht erfüllt werden. Natürlich muss ein Kind lernen, mit Frustrationen zurechtzukommen, damit es später als Erwachsener in der Lage ist, schwierige Situationen zu bewältigen – das Leben ist ja bekanntlich kein Wunschkonzert.

Auch die Vermittlung von sozialen Regeln und Machtverhältnissen geschieht häufig über die schmerzhafte Erfahrung von Ungerechtigkeit. So lernt das Kind leider, dass es nicht immer »fair« zugehen kann.

Es ist fraglos wichtig, ein Kind gut gegen die Schwierigkeiten zu wappnen, die das Leben bereithält. Nur so wird es später in der Lage sein, Bewährungsproben zu bestehen und sogar daran zu wachsen. Das heißt jedoch nicht, dass man seine Empfindungen ignorieren

oder gar herabsetzen muss. Kinder sollten nicht lernen, ihre Gefühle zu unterdrücken, sondern sie zu verstehen. Das nimmt ihnen Ängste und gibt ihnen Zuversicht.

Hochsensibel ist nicht gleich unreif

Weitverbreitet ist auch die Auffassung, hochsensible Menschen seien unreif – als sei Hochsensibilität das Vorrecht von Kindern und äußere sich in kindischen Reaktionen. Weit gefehlt!

Reife ist keinesfalls gleichzusetzen mit der Fähigkeit, Gefühle kontrollieren oder unterdrücken zu können. Reif sein bedeutet vielmehr, dass jemand in der Lage ist, mündige Entscheidungen zu treffen und Verantwortung zu übernehmen, um schließlich als autonome Persönlichkeit einen bewusst gewählten Lebensweg einzuschlagen.

Hochsensible können sehr emotional reagieren und zugleich absolut reife und durchdachte Entscheidungen treffen – mit einer gewissen Distanz zu ihrem Gefühl, aber im vollen Bewusstsein der wertvollen Botschaft, die es ihnen in einer gegebenen Situation vermittelt. Ihre besonders scharfe Wahrnehmung und ihre feinen »Antennen« hindern hochsensible Menschen in keiner Weise daran, verantwortungsvoll und selbstständig zu handeln.

Hochsensibel ist nicht gleich unselbstständig

Da Hochsensible zu ausgesprochen engen Bindungen neigen und bei Trennungen oft besonders heftig leiden, fragen sich viele von ihnen, ob sie möglicherweise emotional zu abhängig sind. Sind Sie etwa unfähig, allein zu sein? Ist der Grund für ihr Bedürfnis nach starken Bindungen vielleicht eine Art emotionaler Unreife?

Eines sei hier ganz klar und unmissverständlich gesagt: Hochsensibilität ist kein Synonym für emotionale Abhängigkeit. Wenn Hochsensible Angst davor haben, dass eine Beziehung in die Brüche geht, liegt das daran, dass sie sich so eng an den Partner oder die Partnerin binden. Sie fürchten den Trennungsschmerz, nicht das Alleinsein. Sie sind nämlich durchaus auch als Singles in der Lage, ihren Weg zu gehen. Hochsensible trauern bei einer Trennung um all das Einzigartige und Authentische, das eine bestimmte Verbindung ausgemacht hat.

Emotional abhängige Menschen hingegen haben Angst vor dem Alleinsein; um sich vor Einsamkeit zu schützen, brauchen sie ständig jemanden um sich. Emotional Abhängige fürchten sich grundsätzlich vor Trennungen. Dabei spielt es kaum eine Rolle, wie es um die jeweilige Beziehung bestellt war.

Es gibt natürlich auch Menschen, die hochsensibel *und* emotional abhängig sind, auch wenn dies nicht die Regel ist. Und vor allem beschränkt sich selbst dann die Hochsensibilität nicht auf emotionale Abhängigkeit.

Auch Jungen können hochsensibel sein

Oft wird Hochsensibilität als etwas typisch Weibliches betrachtet. Unter diesem Vorurteil haben viele hochsensible Jungen zu leiden. Ihre Emotionalität wird von ihrer Umgebung negativ bewertet. Man hält ihnen vor, Heulsusen oder Weicheier zu sein. Von einem Jungen wird häufig erwartet, dass er seine Gefühle verbirgt, insbesondere Traurigkeit und Angst, da diese Emotionen – zu Unrecht – als Zeichen von Schwäche gelten, nach dem Motto: »Ein Junge weint nicht.«

Romain, 23:

»Mein Vater hat mich abgelehnt.«

»Mein Vater war groß und stattlich, ein richtiges ›Mannsbild‹. Er liebte Kampfsportarten. Ich war das genaue Gegenteil von ihm, beschäftigte mich gern allein, mochte Geschicklichkeitsspiele und Bücher. Mein Vater litt darunter, dass sein Sohn nicht so war, wie er ihn sich gewünscht hatte: ein sportlicher kleiner Racker. Wir hatten wenig miteinander zu tun. Wäre er mehr auf mich eingegangen, hätte ihn das womöglich mit seiner eigenen Emotionalität konfrontiert. Ich glaube, dass seine zur Schau getragene Männlichkeit eine Art Schutzwall war. Jedenfalls hatte ich immer das Gefühl, dass er mich deswegen ablehnte.«

Frauen legen oft mehr Emotionalität an den Tag als Männer. Dafür gibt es eine ganze Reihe von Gründen. Für eine Mutter beispielsweise ist Sensibilität ein großer Vorteil, weil eine sensible Mutter in der Lage ist, die Bedürfnisse ihres Kindes zu erkennen und zu erfüllen, auch wenn es noch nicht sprechen kann. Auf Jungen wiederum wird bereits in der Erziehung stärkerer Druck ausgeübt, ihre Gefühle für sich zu behalten und zu unterdrücken. Hochsensibilität ist keine geschlechtsspezifische Eigenschaft. Es gibt hochsensible und unsensible Frauen und ebenso hochsensible und unsensible Männer.

Kapitel 4

Warum sind manche Menschen hochsensibel?

Hochsensibilität ist keineswegs ein seltenes Phänomen, sondern durchaus verbreitet. So wird beispielsweise der Anteil hochsensibler Personen in den USA von der Wissenschaftlerin Elaine Aron* auf 15 bis 20 Prozent der Bevölkerung geschätzt. Laut ihrer Studie weisen Hochsensible in allen Kulturkreisen bestimmte Ähnlichkeiten auf.

Hochsensibilität – eine angeborene Fähigkeit

Zunächst einmal soll mit einem weit verbreiteten Vorurteil aufgeräumt werden: Man wird nicht zu einem hochsensiblen Erwachsenen,

* Elaine Aron, *Sind Sie hochsensibel?*, Heidelberg 2005.

weil man als Kind nicht gelernt hat, seine Gefühle im Zaum zu halten. Hochsensibilität ist kein Erziehungsfehler. Wer als Erwachsener hochsensibel ist, war in der Regel schon als Baby überdurchschnittlich empfindsam.

Die Mutter des 4-jährigen Arthur:

»Er kam schon so zur Welt.«

»Arthur ist neugierig und voller Energie, aber er ist hochsensibel. Schon als Baby hatte er Schlafprobleme. Beim leisesten Geräusch wurde er wach, fing an zu weinen und musste lange beruhigt und getröstet werden, bevor er wieder einschlief. Weil ich mir Sorgen machte, bin ich mit ihm zum Arzt gegangen. Letztlich hat sich herausgestellt, dass Arthur hochbegabt und hochsensibel ist. Heute gehen wir auf diese besonderen Aspekte seiner Persönlichkeit ein und versuchen zu verstehen, was in Arthur vorgeht. Inzwischen kann er mit seinen Gefühlen immer besser umgehen.«

In der Kindheit haben Hochsensible, ebenso wie andere Kinder auch, gelernt, mit ihren Gefühlen »zurechtzukommen«. Für ihr persönliches Emotionsmanagement entwickelten sie Strategien, die sich als mehr oder weniger sinnvoll bzw. wirksam erwiesen haben – je nachdem, welches Modell ihnen von ihren erwachsenen Bezugspersonen vorgelebt wurde.

Möglicherweise hatten ihre Eltern und andere Erwachsene in ihrem Umkreis eine positive Einstellung zu ihrer Empfindsamkeit und haben ihnen dabei geholfen, ihre Gefühle zuzulassen, sie anzunehmen und damit umzugehen. So haben diese hochsensiblen Kinder gelernt, ihre Emotionen als wichtige Erkenntnisquelle zu nutzen. In einem vertrauensvollen Umfeld haben sie ein wertschätzendes Selbstbild aufgebaut. Sie akzeptieren ihre Besonderheiten und können ihre Stärken gewinnbringend nutzen.

Es gibt aber auch Kinder, deren große Empfindsamkeit die Erwachsenen überfordert und deren Sensibilität daher systematisch unterdrückt und stigmatisiert wird. Manche von Ihnen haben so in ihrer Kindheit gelernt, sich zurückzunehmen, und sich vielleicht sogar bemüht, diesen Teil ihrer Persönlichkeit nach und nach hinter einer riesigen inneren Mauer zu verbergen. Mit aller Kraft haben solche Menschen immer wieder versucht, ihre Gefühle zu kontrollieren, und jeden Ausbruch als persönliches Scheitern erlebt, sich schwach und schuldig gefühlt. Sie haben ein negatives Bild von sich selbst und verdrängen ihre hervorragenden Fähigkeiten.

Unabhängig von den Erziehungsmethoden bleibt die Veranlagung jedoch bestehen. Manchmal zwar nur im Geheimen, wenn ein hochsensibles Kind gelernt hat, gegen seine Natur anzukämpfen; doch ein besonders sensibles Kind wird auf jeden Fall irgendwann ein besonders sensibler Erwachsener sein.

Lebenserfahrung kann Hochsensibilität verstärken

Es kommt auch vor, dass eine bereits vorhandene Hochsensibilität durch die individuellen Lebensumstände verstärkt wird. Bestimmte familiäre Rahmenbedingungen oder Erfahrungen können dazu führen, dass ein Kind gegenüber seiner Umgebung und seinen Empfindungen besonders wachsam sein muss.

Rose, 31:

»Ich musste sehr früh lernen, zu überleben.«

»Mein Vater hat immer viel gearbeitet und war oft weg. Meine Mutter hatte Depressionen und begann zu trinken. Als Kind geriet ich oft in gefährliche Situationen, weil sie zu wenig auf mich aufgepasst hat. Sie verhielt sich manchmal richtig verantwortungslos und wurde auch aggressiv mir gegenüber. Um mich selbst zu schützen, musste ich ständig auf der Hut sein, ihre Reaktionen vorausberechnen und ihr zuvorkommen. Schon sehr früh war ich darauf angewiesen, mein Überleben zu sichern. Mit der Zeit habe ich eine große Begabung dafür entwickelt, die Gefühle und Absichten anderer Menschen zu erkennen. Heute ist das für mich von Vorteil.«

Wer in einem Milieu emotionaler Unsicherheit groß wird, entwickelt feine Antennen für die Gefühle und Reaktionen seiner Umgebung. Auf diese Weise versucht ein Kind, emotionale oder soziale Gefährdungen (Aggressivität, Ablehnung, Vernachlässigung usw.) zu antizipieren.

Emotionale Reaktionen werden als Alarmsignale interpretiert, um das eigene Überleben in einer feindseligen, unsicheren und unübersichtlichen Umgebung zu sichern. Auch im Erwachsenenalter wird diese Wachsamkeit beibehalten, und so werden kleinste Veränderungen in Beziehungen wahrgenommen, selbst wenn die Lebensumstände dies nicht mehr erfordern.

Natürlich kann Hochsensibilität sich auch unter sehr günstigen Bedingungen entfalten. Wenn ein besonders empfindsames Kind von aufgeschlossenen Erwachsenen umgeben ist, wird es positive Erfahrungen mit diesem Teil seiner Persönlichkeit machen. Durch anregende kreative und künstlerische Beschäftigungen erhält es die Möglichkeit, seine Sinneswahrnehmungen noch weiter zu entwickeln und zu verfeinern. In diesen Bereichen kann es seine Gefühle ausdrücken und so seine Individualität und seine Kompetenzen bejahen. Ein hochsensibles Kind, dem man Gelegenheit gibt, seine Fähigkeiten zu entdecken und zu entfalten, wird seine Ressourcen auch im späteren Leben gewinnbringend nutzen können.

Praktische Übung

Denken Sie nach:

- Was für ein hochsensibles Kind waren Sie?
- Wie haben die Erwachsenen auf Ihre Hochsensibilität reagiert? Haben sie versucht, sie zu unterdrücken, oder Ihnen dabei geholfen, sie zu verstehen und wertzuschätzen?
- Haben Sie als Kind Ihre Hochsensibilität positiv erlebt?
- Was für ein Selbstbild haben Sie entwickelt?
- Akzeptieren Sie Ihre Hochsensibilität?

Kapitel 5
Sie haben Superkräfte!

Die Macht der Emotionen

Wirklich schade, dass man uns beibringt, unsere Gefühle zu unterdrücken! Dabei sind sie ein untrennbarer Teil unserer Persönlichkeit und erfüllen eine wichtige Funktion: Sie sind Signale, ja Botschaften, die uns eine Menge über uns selbst, über andere und über unser Umfeld mitteilen. Jedes Gefühl hilft uns, Erlebtes einzuordnen und unsere Reaktionen möglichst gut darauf abzustimmen.

- **Angst** warnt uns vor einer akuten Gefahr oder Bedrohung. Sie ist unerlässlich, damit wir in der Lage sind, uns in solchen Situationen optimal anzupassen. Wir können uns der Gefahr stellen, oder – wenn sie so groß ist, dass wir sie kaum besiegen können – vor ihr weglaufen. Das ist die berühmte

Kampf-oder-Flucht-Reaktion *(fight-or-flight response)*, die Walter Bradford Cannon vor über hundert Jahren für die Tierwelt erforscht hat.

Natürlich sind die Verhaltensweisen von uns Menschen in unseren sozialen Beziehungsgeflechten wesentlich komplexer (Höflichkeit, Diplomatie, Manipulation) und können auch in mehreren Phasen ablaufen (z. B. wenn auf einen Angriff ein strategischer Rückzug folgt), aber letztlich geht es immer um die Kernfrage: Konfrontation oder Vermeidung?

Wir sind aus gutem Grund ängstliche Wesen. Die Angst ist ein Gefühl, das unseren Vorfahren, von denen wir dieses innere Alarmsystem geerbt haben, das Überleben sicherte. Wir können Gefahren sogar vorausberechnen, um besser darauf vorbereitet zu sein. Dann können wir uns eine optimale Strategie überlegen oder uns so verhalten, dass die befürchtete Situation gar nicht erst eintritt. Angst und vorausschauendes Verhalten sind also eng miteinander verknüpft. Die Behauptung, Angst könne eine Gefahr nicht verhindern, ist demnach falsch. Ein Wesen ohne Angst wäre sehr verwundbar und hätte keine großen Überlebenschancen, weder in einer natürlichen noch in einer sozialen Umgebung. Angst ist somit kein Zeichen von Schwäche, sondern ein lebenswichtiges Gefühl.

- In **Wut** geraten wir, wenn jemand uns nicht respektiert oder kränkt. Wut signalisiert uns, dass wir uns verteidigen müssen. Sie mobilisiert uns und verleiht uns die nötige Kampfenergie.

- **Trauer** ermöglicht uns, einen Verlust oder eine Trennung zu verarbeiten. Indem wir ermessen, was uns das Abhandengekommene bedeutet hat, setzen wir uns mit der neuen Situation auseinander. Trauerarbeit ist eine unentbehrliche Phase – ganz gleich, ob es um einen realen Verlust geht (z. B. beim Tod eines

Angehörigen) oder um einen eher symbolischen (wie bei einem Misserfolg oder einer Trennung). Auf dem Weg über die Trauer kann der Verlust irgendwann angenommen werden.

- **Freude** ist der Ausdruck unseres Wohlbefindens. Sie stellt sich ein, wenn wir uns unbeschwert und glücklich fühlen. Freuen können wir uns für uns selbst (weil wir beispielsweise etwas geschafft haben, das uns wichtig ist) und für andere (etwa, wenn ein Freund eine gute Nachricht erhält). Wir freuen uns auch über das Gefühl der Zugehörigkeit und Harmonie mit anderen, bzw. darüber, geliebt zu werden oder Liebe zu empfinden, zum Beispiel wenn wir enge Freunde wiedersehen und das Zusammensein mit ihnen genießen. Freude erleben wir als Erfüllung, als fehle in diesem Augenblick nichts mehr zu unserem Glück.

- **Ekel** ist eine Abwehrreaktion gegenüber etwas, das uns abstößt. Das kann ein Nahrungsmittel sein, ein Gegenstand, eine Person, ein Gedanke oder eine Situation. Ekel hält uns auf Abstand zu Dingen, die sich nicht mit unserem Geschmack oder unseren Wertvorstellungen vertragen oder sogar schädlich oder giftig für uns sind.

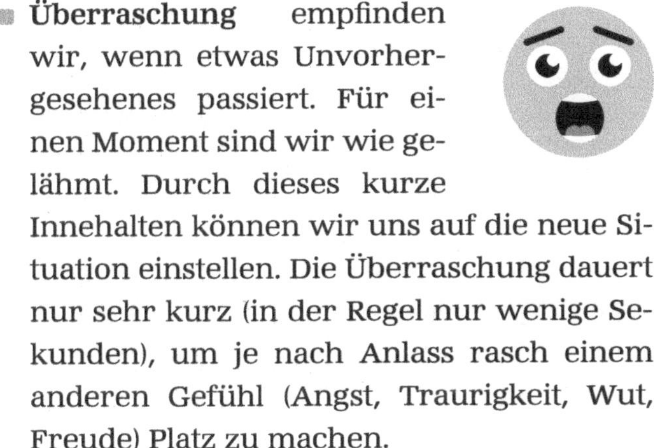

- **Überraschung** empfinden wir, wenn etwas Unvorhergesehenes passiert. Für einen Moment sind wir wie gelähmt. Durch dieses kurze Innehalten können wir uns auf die neue Situation einstellen. Die Überraschung dauert nur sehr kurz (in der Regel nur wenige Sekunden), um je nach Anlass rasch einem anderen Gefühl (Angst, Traurigkeit, Wut, Freude) Platz zu machen.

Alle übrigen Gefühle sind Mischungen aus den genannten Basisgefühlen.

Die Funktionen der Gefühle		
Gefühl	**Situation**	**Anpassung**
Angst	Akute Gefahr; antizipierte Gefahr	Fliehen oder kämpfen; handeln, um einer Gefahr vorzubeugen
Wut	Herabsetzung; Kränkung	Kämpfen
Traurigkeit	Trennung; Verlust	Verlust akzeptieren
Freude	Wohlbefinden	Wohlbehagen ausdrücken
Ekel	Abneigung	Unerträgliches oder Schädliches meiden
Überraschung	Unerwartete Situation	Innehalten

Unsere Gefühle haben Auswirkungen auf unsere Körpersprache. Auch wenn wir Emotionen nicht verbal äußern, übermitteln sie sich auf der nonverbalen Ebene: am Tonfall, am Sprechrhythmus, am Gesichtsausdruck, an unseren Gesten und unserer Körperhaltung. Hochsensible sind extrem empfänglich für solche Signale und nehmen sie viel rascher und intensiver wahr als die meisten anderen Menschen. Daher können sie auch zuverlässig erkennen, wenn andere sich verstellen.

Ein Überlebensvorteil – auch in der Welt von heute

Durch die große Empathie, die eine Mutter gegenüber ihrem Baby empfindet, weiß sie intuitiv, was es braucht, auch wenn es noch nicht sprechen kann. Die Bedürfnisse ihres Kindes erkennt sie zum Beispiel an seinem Muskeltonus, an seiner Mimik, an dem Tonfall, in dem es weint oder schreit, oder an seinem allgemeinen Verhalten. Solche Signale kann sie unmittelbar in eine Botschaft übersetzen: »Ich habe Hunger; füttre mich!«, »Ich kann nicht einschlafen; nimm mich auf den Arm« oder »Ich habe Bauchweh; mach, dass die Schmerzen aufhören«. Und sie reagiert darauf, indem sie es stillt, es herumträgt oder mit ihm zum Arzt geht.

Ein Säugling mit einer empathischen Mutter hat eine höhere Chance, in physischer und emotionaler Sicherheit und in einer Atmosphäre der Geborgenheit aufzuwachsen. In Urgesellschaften hätte er größere Überlebenschancen gehabt. Es liegt auf der Hand, warum diese selektive Hochsensibilität (beschränkt auf die Mutter-Kind-Bindung) sich im Lauf der

Evolution durchgesetzt hat: Sie ermöglicht eine bessere Anpassung und ist somit ein echter Vorteil für die Erhaltung der Art.

Ebenso kann ein Mensch mit einem überdurchschnittlich guten Gespür für die kleinsten Veränderungen in der Umgebung drohende Gefahren rechtzeitig erkennen und sich ihnen erfolgreich stellen. Unsere Vorfahren konnten so an der kleinsten Bewegung von Blattwerk und am leisesten Knacken von Zweigen ausmachen, aus welcher Richtung sich gerade ein gefährliches Tier anschlich.

Wer in den komplexen sozialen Gefügen unserer modernen Zivilisation unterschwellige Emotionen wahrzunehmen und zu entschlüsseln vermag, erfasst eine Menge Informationen und kann sein Verhalten entsprechend anpassen. Wenn Sie zum Beispiel merken, dass die gekünstelt klingende Lobrede Ihres Chefs inhaltlich nicht zur Gleichgültigkeit oder Überheblichkeit seines Mienenspiels passt, können Sie sich ausrechnen, dass Sie auf der Hut sein müssen. Heutzutage lauern Gefahren oft im zwischenmenschlichen und sozialen Bereich. Ein feines Gespür für die Gefühle und Haltungen anderer und eine präzise Wahrnehmung bieten da unschätzbare Vorteile.

Berufliche Talente

Ihre Hochsensibilität verleiht Ihnen Kompetenzen, die Ihnen in vielen verschiedenen Lebensbereichen dienlich sein können. Betrachten Sie diese Ressource als hervorragende Chance, und profitieren Sie davon, anstatt sie zu unterdrücken! Auch wenn dies manchmal gänzlich unbewusst geschieht, machen viele Hochsensible sich ihre besonderen Wesensmerkmale bei der Berufswahl sehr erfolgreich zunutze und finden so ihren Platz in der Gesellschaft.

Die Gabe, die Gefühle anderer erkennen und verstehen zu können, ist für all jene Berufsbilder sehr nützlich, bei denen der Umgang mit Menschen ein zentrales Element ist. Hochsensible bewähren sich ganz besonders im Dienstleistungssektor, im Handel, im Gesundheitswesen und im sozialen Bereich. Ihr Einfühlungsvermögen erweist sich hier als wahre Fachkompetenz, ihr aufrichtiges Interesse für andere ist ein Alleinstellungsmerkmal. So sind beispielsweise Psychologen in der Lage, anhand ihrer eigenen Sensibilität die Gefühle ihrer Patienten zu ergründen und ihnen dabei zu helfen, diese anzunehmen und damit umzugehen.

In kreativen und künstlerischen Berufen ist Hochsensibilität eine Quelle schöpferischer Kraft. Sie inspiriert Künstler zu Werken, mit denen sie ihre Mitmenschen berühren. In Malerei, Musik, Bildhauerei und Tanz bringen sie ihre Gefühle zum Ausdruck und sprechen damit auch die Sensibilität ihrer Betrachter an.

Und wie nutzen Sie Ihre Hochsensibilität?

Praktische Übung

Welche Rolle spielt Ihre Hochsensibilität momentan in Ihrem Leben?	
Beschreiben Sie, wie Sie Ihre Hochsensibilität in den verschiedenen Lebensbereichen nutzen.	
Beruf	
Familie	
Partnerschaft	

Welche Rolle spielt Ihre Hochsensibilität momentan in Ihrem Leben?	
Soziale Kontakte	
Freizeit und Interessen	

Ein besonders großer innerer Reichtum

Es gibt eine ganze Reihe von Gründen, warum Hochsensibilität das Leben noch lebenswerter macht. Als hochsensibler Mensch nehmen Sie alles besonders intensiv wahr. Nicht nur die negativen, sondern auch die positiven Empfindungen. Emotionen wie Freude und Glück können Sie zu wahren Begeisterungsstürmen hinreißen, weil Sie sich viel froher und glücklicher fühlen können als der Durchschnitt. Sie machen Erfahrungen, zu denen nur Hochsensible Zugang haben. Was für ein Privileg das ist, sollten Sie sich unbedingt bewusst machen.

Dank Ihrer Sensibilität und Ihrer präzisen Wahrnehmung haben Sie ein extrem reiches und vielfältiges Gefühlsleben entwickelt. Als Reaktion auf die vielen unterschiedlichen Informationen, die auf Sie eindringen, haben Sie eine besonders feinsinnige und komplexe Persönlichkeit ausgebildet. Hochsensibilität geht einher mit großer seelischer Fülle.

Ihre Beziehungen zu anderen Menschen sind außergewöhnlich tief. Im lebhaften, intensiven und anregenden Austausch mit Menschen, die ebenso empfindsam sind wie Sie, können Sie Ihre Persönlichkeit entfalten. Sie verfügen über die nötigen Ressourcen für bereichernde, stabile und authentische Bindungen.

Hochsensibilität macht intelligent

Was hat Hochsensibilität mit Intelligenz zu tun? Zur Lösung eines wie auch immer gearteten Problems bedienen wir uns nicht nur unserer Logik, sondern können uns auch unsere emotionalen Fähigkeiten zunutze machen. Intelligenz ist nicht auf logisch-mathematische Kompetenzen beschränkt. Sie ist ein weit umfassenderes Phänomen. Jenseits des Klischees vom Mathe-Genie gibt es eine ganze Reihe verschiedener Erscheinungsformen von Intelligenz.

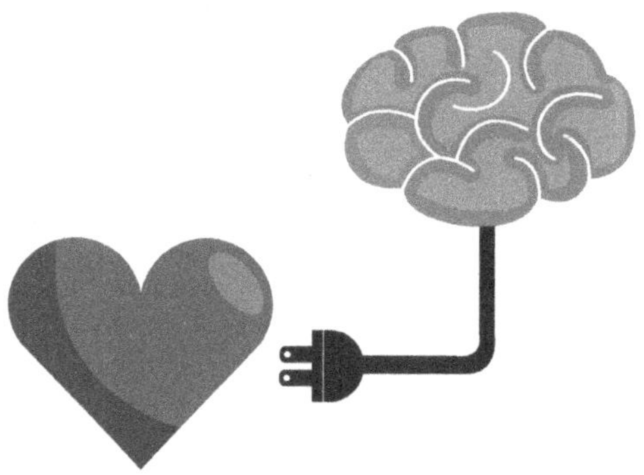

Die multiplen Intelligenzen nach Howard Gardner*

- **Sprachliche Intelligenz**: Die Fähigkeit, Sprache zum Strukturieren und Kommunizieren von Gedanken zu gebrauchen.
- **Logisch-mathematische Intelligenz**: Die Fähigkeit, zu rechnen, zu messen sowie logische und mathematische Probleme zu lösen.
- **Räumliche Intelligenz**: Die Fähigkeit, sich in großen Räumen zu orientieren und sich Probleme räumlich vorzustellen.
- **Intrapersonale Intelligenz**: Die Fähigkeit, durch Selbstbeobachtung die eigene Persönlichkeit und die eigenen Gefühle zu verstehen und diese Selbsterkenntnis zur Steuerung des eigenen Verhaltens zu nutzen.
- **Interpersonale Intelligenz**: Die Fähigkeit, die Gefühle und Gedanken anderer zu verstehen sowie deren Persönlichkeit, Absichten und Motive zu erfassen.
- **Kinästhetische Intelligenz**: Die Fähigkeit, den Körper zur Nachahmung oder Gestaltung ei-

* Howard Gardner, *Multiple Intelligences*, New York 1993

ner Bewegung einzusetzen, starke körperliche Ausdrucksfähigkeit, motorisches Geschick.

- **Musikalische Intelligenz**: Die Fähigkeit, musikalische Modelle zu begreifen, zu erkennen und zu gestalten.
- **Naturalistische Intelligenz**: Die Fähigkeit, Natur zu beobachten und einzuordnen und Naturphänomene zu verstehen.
- **Existenzielle Intelligenz**: Die Fähigkeit, den Sinn und Ursprung der Dinge zu ergründen, die wesentlichen Fragen unseres Daseins zu formulieren, zu durchdenken und nach Antworten darauf zu suchen.

Anhand dieser Übersicht kann man erkennen, dass es gleich mehrere Formen von Intelligenz gibt, die durch Hochsensibilität begünstigt werden. Die besonders genaue Wahrnehmung hochsensibler Menschen und der hohe Grad an Aufmerksamkeit, den sie ihrer Umgebung und jeder kleinsten Veränderung entgegenbringen, kommen beispielsweise bei der naturalistischen Intelligenz zum

Tragen. Die künstlerischen Begabungen zahlreicher Hochsensibler sprechen für musikalische bzw. kinästhetische Intelligenz. Die intrapersonale Intelligenz setzt eine sehr genaue Selbstwahrnehmung voraus, während interpersonale Intelligenz die Fähigkeit beinhaltet, Gefühlslagen und Gedankengänge anderer Menschen zu erfassen und zu verstehen. Genau das sind die Bereiche, in denen Hochsensible unschlagbar sind. Sie registrieren sämtliche Feinheiten, die in zwischenmenschlichen Beziehungen eine Rolle spielen.

Manche Menschen sind sogar gleichzeitig hochsensibel und hochintelligent. Zwar sind nicht alle Hochsensiblen hochbegabt, doch unter Hochbegabten lassen sich viele Hochsensible finden.

Véronique, 40:

»Hochbegabt und hochsensibel«

»Wenn ich eine Sache verstehen will, kann ich nicht anders: Ich muss alles ›sezieren‹. Mir macht es Spaß, knifflige Aufgaben zu lösen. Ich erkläre auch gern Dinge, mit denen ich mich gut auskenne. Dabei geht es mir wirklich darum, anderen zu helfen. Leider glauben die Leute oft, dass ich nur angeben will. Sie halten mir vor, ich würde zu viel reden und alles unnötig genau erklären. Vielleicht bilde ich mir das nur ein, aber ich denke dann, dass sie mich ablehnen und niemand mich mag. Und dabei ist es mir so wichtig, anerkannt zu werden und dazuzugehören. Ich wünschte, es wäre mir egal, was andere über mich denken. Natürlich bin ich zu sensibel. Irgendwann habe ich dann auch noch erfahren, dass ich hochbegabt bin und dass beides oft zusammen vorkommt.«

EQ und IQ

Laut Daniel Goleman ist für den beruflichen Erfolg eines Menschen die emotionale Intelligenz (EQ) mindestens ebenso wichtig wie der Intelligenzquotient – wenn nicht sogar wichtiger. Dabei ist emotionale Intelligenz keine feststehende Größe. Sie entwickelt sich unser ganzes Leben lang weiter und kann auch trainiert werden.

Die emotionale Intelligenz nach Daniel Goleman*

Die für den beruflichen Erfolg so ausschlaggebende emotionale Intelligenz setzt sich aus folgenden Kompetenzen zusammen:

1) Persönliche Kompetenz

- Emotionale Selbstwahrnehmung: Erkennen und Benennen der eigenen Emotionen, präzise Selbsteinschätzung, Selbstvertrauen.
- Umgang mit Emotionen: Selbstkontrolle, Zuverlässigkeit, Gewissenhaftigkeit, Anpassungsfähigkeit, Innovation.
- Emotionen produktiv nutzen: Ehrgeiz, Engagement, Initiative, Optimismus.

2) Soziale Kompetenz

- Empathie – Deuten von Emotionen: Gespür für die Gefühle anderer, Hilfsbereitschaft, Bereicherung anderer, Toleranz, Einfühlsamkeit.
- Umgang mit Beziehungen: Einfluss, Kommunikation, Führung, Einleiten von Änderungen, Vermittlungsgeschick, Netzwerkpflege, Teamgeist, Teamführung.

* Daniel Goleman, EQ. *Emotionale Intelligenz*, München 1997.

Bei Hochsensiblen sind gleich mehrere dieser Kompetenzen besonders stark ausgeprägt. Emotionale Selbstwahrnehmung bezeichnet die Fähigkeit eines Menschen, seine eigenen Gefühle, Bedürfnisse, Stimmungen und Stärken wahrzunehmen und zu verstehen. Empathie wiederum ist die Fähigkeit, die Gedanken, Empfindungen und Bedürfnisse anderer Menschen zu erkennen und richtig zu deuten. Ein entscheidender Vorteil! Der Umgang mit Emotionen dagegen kann für Hochsensible manchmal eine Herausforderung sein, denn er erfordert die Regulierung der eigenen Befindlichkeiten, Impulse und Kräfte und damit eine emotionale Kontrolle, bei der Gefühle allerdings nicht unterdrückt, sondern der Situation angemessen beeinflusst werden sollen. Doch seien Sie ganz beruhigt, das kann man lernen! Wie, erfahren Sie in Kapitel 6.

Hochsensibilität ist förderlich für

- die Wahrnehmung wichtiger emotionaler Botschaften
- das Überleben der Art
- die Entwicklung vielfältiger Intelligenzen
- soziale Kompetenzen
- sinnliche Erfahrungen

Praktische Übung

Entwerfen Sie ein positives SELBST-Bild

Wie sehen Sie sich und Ihre Fähigkeiten? Beschreiben Sie sich anhand der nachstehenden Liste positiver Eigenschaften selbst.

Das denke ich/sagen andere über mich:	So bin ich wirklich:
Beispiel: Ich fange immer gleich an zu weinen. Andere sagen, ich sei depressiv.	Ich reagiere einfach viel heftiger als die meisten anderen Menschen, sowohl bei positiven als auch bei negativen Emotionen. Manchmal weine ich auch vor Freude. Und Glück empfinde ich ebenso wie andere – vielleicht sogar noch intensiver.

Kleine Liste positiver Eigenschaften

achtsam
anpassungsfähig
aufmerksam
aufnahmebereit
ausdrucksvoll
authentisch
begabt
behutsam
besonnen
diskret
ehrlich
eifrig
einfallsreich
empathisch
empfindsam
engagiert
entgegenkommend
enthusiastisch
facettenreich
faszinierend
feinsinnig
freundlich
gefühlsbetont
geistreich
gerecht
gewissenhaft
großzügig
gut
hilfreich
integer
intelligent
intensiv
interessant
klug
komplex
kreativ
künstlerisch
lebhaft
leidenschaftlich
liebenswert
liebevoll
loyal

menschlich
mitfühlend
natürlich
offen
poetisch
reichhaltig
respektvoll
rührend
scharfsichtig
schöngeistig
schöpferisch
schwärmerisch
sensibel
sinnlich
spontan
sympathisch
teilnahmsvoll
tolerant
treu
tröstend
überschwänglich
umgänglich
uneigennützig
verlässlich
verständnisvoll
vorsichtig
wachsam
wahrhaftig
weitblickend
wohlwollend
zärtlich
zugewandt
zurückhaltend
zuvorkommend

Agathe, 32:

»Heute sehe ich meine Sensibilität mit anderen Augen.«

»Ich glaube, dass mich meine Hochsensibilität so lange belastet hat, wie ich mich mit allen Mitteln gegen sie gewehrt habe. Lange Zeit habe ich mich dafür geschämt, vor allem in der Pubertät. Von vielen wird Emotionalität als etwas Kindisches gesehen und mit Schwäche gleichgesetzt, da ist es nur logisch, dass ich diesen ›Makel‹ unbedingt loswerden wollte. Ich sah mir düstere Filme an und hörte gewaltverherrlichende Musik, lief in Lederjacken mit Nieten und mit schwarz umrandeten Augen herum, wollte aller Welt zeigen, wie hart ich drauf war. Rückblickend würde ich sagen, dass ich vor allem den Schmerz unterdrücken wollte, der mich so oft gequält hat. Auch noch als junge Erwachsene habe ich gegen meine vermeintliche emotionale Abhängigkeit angekämpft. Das Konkurrenzdenken und der Erfolgsdruck in unserer Gesellschaft bewirken, dass Sensibilität als Handicap betrachtet wird.

Heute schaffe ich es endlich, meine Emotionalität als Bereicherung und nicht mehr als Schwäche zu sehen, vor allem, weil ich Menschen kennengelernt habe, denen es ähnlich geht wie mir.

Und auch wenn ich immer noch Angst habe, verletzt zu werden, ist mir inzwischen klar geworden, dass Gefühle keine Bedrohung sind. Außerdem bemühe ich mich, mit meinen Kräften zu haushalten. Das Zusammensein mit anderen ist für mich oft sehr anstrengend, weil ich ständig darauf lauere, was sie sagen und denken. Auch öffentliche Verkehrsmittel empfinde ich als belastend, weil dort so viele Eindrücke auf mich einprasseln und ich mir alles zu Herzen nehme: die nervigen Werbebotschaften, die teilweise lautstarken Unterhaltungen der Leute, das soziale Elend, gegen das ich machtlos bin ... Inzwischen habe ich Strategien entwickelt, wie ich meine Akkus wiederaufladen kann, nämlich, indem ich immer wieder einige Zeit alleine verbringe, am liebsten in der Natur – das perfekte Gegenmittel gegen mentale Erschöpfung. Und seitdem ich male, stelle ich fest, dass meine Sensibilität nicht nur destruktiv ist, sondern mir im Gegenteil hilft, etwas Kreatives zu schaffen.«

Lebensqualität steigern und Potenziale entwickeln

Ihre Hochsensibilität ist Ihr Trumpf! Wie Sie ihn optimal nutzen können, indem Sie Ihre Emotionen regulieren und Ihre Fähigkeiten weiterentwickeln, erfahren Sie in den folgenden Kapiteln.

Kapitel 6

Wie Sie mit Ihren Emotionen umgehen können

Gefühle annehmen und bejahen

Uns gegen unsere Gefühle aufzulehnen, hat wenig Sinn. Ein Gefühl ist weder gut noch schlecht. Es ist einfach da, und es hat uns immer etwas mitzuteilen: über unsere Umgebung, über die anderen oder über uns selbst. Im ersten Schritt müssen wir also aufhören, gegen die Emotionen in uns zu kämpfen.

Fassen Sie eine Emotion als Botschaft auf. Wenn Sie aus einem bestimmten Grund Trauer oder Angst empfinden, nehmen Sie das Gefühl an und bejahen Sie es. Das allein wirkt schon beruhigend. Sie dürfen den Kampf gegen sich selbst aufgeben. Damit gewinnen Sie bereits Zeit und Energie.

Ist das wirklich mein Gefühl?

Hochsensible haben nicht nur für die eigenen Befindlichkeiten besonders feine Antennen. Sie können sich auch hervorragend in andere Menschen einfühlen. Wenn Sie allerdings in der Gegenwart einer anderen Person eine Emotion wahrnehmen, die im Widerspruch zu Ihrer eigenen Grundstimmung steht, sollten Sie sich fragen, wem diese Emotion gehört. Ist es wirklich Ihr Gefühl? Oder nicht vielmehr das der anderen Person?

Ein Beispiel: Sie kommen frühmorgens gut gelaunt ins Büro und treffen dort einen Kollegen an. Er wirkt ausgebrannt, geht aber nicht auf die Ursachen dafür ein. Während Sie mit ihm reden, merken Sie, wie Sie immer deprimierter werden, ohne dass Sie irgendeinen Anlass dafür erkennen könnten. Im Gegenteil, so niedergeschlagen haben Sie sich schon seit Wochen nicht mehr gefühlt. Es ist also sehr wahrscheinlich, dass Sie in diesem Moment die Emotion Ihres Kollegen übernehmen. Man bezeichnet dieses Phänomen als Gefühlsansteckung.

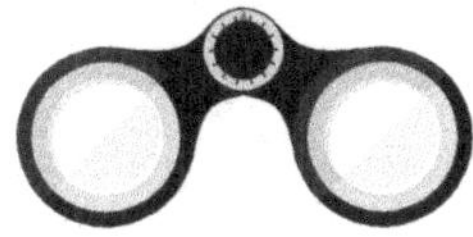

Gefühle deuten

Sobald Sie Ihr Gefühl akzeptiert haben, denken Sie darüber nach, was es Ihnen sagen will. Je nach Art und Intensität kommuniziert eine Emotion unterschiedliche Botschaften. Angst zum Beispiel warnt Sie vor etwas, das für Sie bedrohlich ist. Um welche Gefahr aber handelt es sich? Und worin besteht die Bedrohung für Sie?

Im Falle einer Emotion, die von außen auf Sie übertragen wird, wie in dem Beispiel mit dem Arbeitskollegen, können Sie versuchen, herauszufinden, warum die andere Person so niedergeschlagen ist.

Praktische Übung

Gehen Sie Ihren Gefühlen auf den Grund

Empfundenes Gefühl	Welche Botschaft steckt dahinter?

Hier nun beginnt die eigentliche Arbeit: Wie deuten wir das, was wir empfinden, und auch all das, was wir wahrnehmen? Ein Gefühl oder eine Wahrnehmung anzuerkennen, ist immer richtig. Die Art und Weise, wie wir unsere Gefühle und Wahrnehmungen interpretieren, kann allerdings sehr belastend für uns sein.

Interpretationen hinterfragen

Unsere Gedanken beeinflussen unsere Gefühle. Je nachdem, wie Sie eine bestimmte Situation auslegen, kann ein Gefühl verstärkt oder abgeschwächt werden.

Stellen Sie sich vor, Sie sehen auf der Straße einen Bekannten, den Sie zwar sympathisch finden, aber zu dem Sie bisher, vielleicht aus Mangel an Gelegenheit, noch keinen besonders engen Kontakt haben. Dennoch wäre es durchaus denkbar, dass sich eine richtige Freundschaft zwischen Ihnen entwickelt. Nun aber geht dieser Bekannte an Ihnen vorbei, ohne zu grüßen. Da sich kein Blickkontakt ergibt, können Sie nicht mit Sicherheit sagen, ob er Sie erkannt hat. Sie sind überrascht, enttäuscht, ja sogar ein bisschen traurig.

Wenn Sie unter sozialer Angst leiden, werden Sie sich wahrscheinlich sagen, dass die Person Sie absichtlich nicht beachtet hat, weil es ihr unangenehm war, Ihnen unverhofft zu begegnen, oder weil sie Sie möglicherweise doch nicht so gern mag, wie Sie angenommen hatten. Durch solche Erwägungen wird sich Ihre Enttäuschung verstärken, bis Sie irgendwann wütend auf sich selbst sind, weil Sie so »dumm« waren, sich falsche Hoffnungen auf eine Freundschaft zu machen.

Wenn Sie derselben Person später im gewohnten Rahmen erneut begegnen, werden Sie sich wahrscheinlich etwas distanzierter verhalten und darauf achten, den Kontakt nicht zu eng werden zu lassen. In diesem Fall hätte Ihre Interpretation des Geschehens Ihre Gefühle (Traurigkeit, Wut) und Ihr Verhalten (Rückzug, Distanziertheit) negativ beeinflusst.

Sie könnten jedoch ebenso gut von der Annahme ausgehen, dass Ihr Bekannter Sie einfach nicht wahrgenommen hat, weil er in Gedanken versunken war. In diesem Fall wird sich Ihre Enttäuschung sehr rasch legen. Sie werden sich höchstens fragen, welchen Grund diese Geistesabwesenheit gehabt haben könnte.

Begegnen Sie ihm dann zu einem späteren Zeitpunkt wieder, werden Sie ihn vielleicht fragen, wie es ihm geht. Das persönlichere Gespräch, das sich daraufhin entwickelt, würde dann vielleicht sogar Gelegenheit zu einer Vertiefung der Beziehung bieten. Diese zweite mögliche Interpretation würde sich also vollkommen anders auf Ihre Gefühle und Ihr Verhalten auswirken: Statt weiterhin niedergeschlagen zu sein, würden Sie sich Sorgen um den anderen machen und Anteilnahme und Interesse für ihn äußern.

An diesem Beispiel wird deutlich, dass unser Gefühlsleben und unsere sozialen Beziehungen in hohem Maße davon abhängen, wie wir unsere Wahrnehmungen interpretieren. Unsere Interpretation kann zutreffen, sie kann jedoch auch falsch sein. Wir können uns irren, weil wir nicht über alle nötigen Informationen verfügen, um uns ein angemessenes Bild zu machen. Manchmal irren wir uns aber auch, weil unsere persönlichen Ängste unser Urteilsvermögen beeinflussen.

In unserem Beispiel kann soziale Angst (Angst vor anderen Menschen) Sie dazu veranlassen, das unklare Verhalten der anderen

Person als Zeichen von Abneigung oder Geringschätzung auszulegen. Im Zweifelsfall entscheiden Sie sich für diese Interpretation, um sich vor einer möglichen Enttäuschung zu schützen. Es ist gewissermaßen eine Vorsichtsmaßnahme: Sie gehen vom Schlimmsten aus und ziehen sich zurück, um nicht verletzt zu werden. Solche Gedankenketten laufen in der Regel automatisch ab. Sie sind zu einem Reflex geworden.

Die gute Nachricht ist: Sie können diese Denkmuster überwinden. Machen Sie sich einmal bewusst, auf welche Weise Sie bestimmte Situationen interpretieren. Wenn Sie feststellen, dass sich dabei gewisse Grundmuster ständig wiederholen, sollten Sie stutzig werden: Vielleicht gehen Ihre Interpretationen auf tief sitzende Ängste zurück, durch die sich bestimmte negative Glaubenssätze in Ihrem Denken verankert haben.

Hier zwei Beispiele für gängige negative Glaubenssätze:

- »Ich bin uninteressant«: Hinweis auf ein niedriges Selbstwertgefühl.
- »Keiner mag mich«: Hinweis auf die Angst, abgelehnt oder verlassen zu werden.

Praktische Übung

Beobachten Sie sich selbst

Füllen Sie die Tabelle aus, um mögliche Denk- und Verhaltensmuster aufzuspüren.
Führen Sie mindestens zwei Wochen lang Protokoll.

Situation	Gefühle	Gedanken	Verhalten

Bestimmte Glaubenssätze weisen auf unterbewusste Denkmuster hin, die uns stark belasten können.

Negative Glaubenssätze

- Ich bin es nicht wert, geliebt zu werden.
- Ich bin an allem schuld.
- Andere sind besser als ich.
- Ich bin uninteressant für andere.
- Ich schaffe das nicht.
- Mir gelingt nie etwas.
- Keiner mag mich.
- Die Welt ist gefährlich.
- Ich kann niemandem vertrauen.
- Man will mich nur ausnutzen.
- Von anderen habe ich nichts zu erwarten.

Wenn Sie eine Situation interpretieren und diese Interpretation schmerzhaft für Sie ist, fragen Sie sich: Ist das die einzig mögliche Erklärung? Überlegen Sie genau, welche Interpretationen noch denkbar sind, und was jeweils dafür oder dagegen spricht. Dann haben Sie zwar immer noch keine Gewissheit, verfügen aber über verschiedene Hypothesen mit jeweils einem gewissen Wahrscheinlichkeitsgrad. Solange sich keine davon wirklich beweisen lässt, behalten Sie diese unterschiedlichen Möglichkeiten im Hinterkopf. Auf diese Weise leiden Sie weniger unter Ihrer ersten, spontanen Auslegung.

Und wenn diese sich bestätigen sollte? Das kann passieren. Dann stellt sich der Schmerz zwar doch noch ein, aber Sie hatten zumindest ein wenig Zeit, um sich zu fangen. Und wenn sie sich nicht bestätigt, umso besser!

Interpretieren Sie bewusst			
Situation: Gefühlsreaktion:			
Mögliche Inter-pretationen	Argumente dafür	Argumente dagegen	Wahrscheinlich-keit, dass diese Interpretation zutrifft (in %)

Gefühle äußern

Auch wenn man oft das Gegenteil hört: Es ist nicht nur möglich, sondern sogar gut, Gefühle zu äußern. Wer über seine Emotionen redet, bringt seine Bedürfnisse und Empfindungen zum Ausdruck. Gerade für unsere Beziehungen zu anderen ist es ungemein wichtig, darüber zu sprechen, wie wir unser Zusammensein erleben, was uns verbindet und was uns möglicherweise auch trennt.

Vielleicht fragen Sie sich: Will der andere überhaupt hören, was ich ihm zu sagen habe? Sollte man manchmal nicht besser schweigen, um keinen Konflikt zu riskieren? Das kommt ganz auf die Beziehung an. Von oberflächlichen oder formellen Kontakten, zum Beispiel am Arbeitsplatz, dürfen Sie sich nicht allzu viel erwarten. Grundsätzlich können Sie natürlich auch hier Ihre Bedürfnisse zur Sprache bringen, doch müssen Sie dabei häufig strategischer vorgehen, was die Angelegenheit komplizierter macht.

Gemeint sind hier eher die echten Bindungen zu Menschen, an denen Ihnen etwas liegt. Eine Beziehung, die auf wirklicher Zuneigung beruht, wird Ihre Gefühlsäußerung höchstwahrscheinlich aushalten können – vorausgesetzt natürlich, Sie beachten bestimmte Regeln.

Andere respektieren – mit ihren individuellen Bedürfnissen und Grenzen

Die wichtigste Regel besteht darin, dass wir den anderen ebenso respektieren, wie wir selbst respektiert werden möchten, in seiner Persönlichkeit, seinen Bedürfnissen und auch in seinen Grenzen. Ein Beispiel: Ein Freund hat Sie an Ihrem Geburtstag nicht angerufen. Da Ihnen diese Freundschaft viel bedeutet, sind Sie sehr enttäuscht und niedergeschlagen. Tags darauf ruft er Sie an und gratuliert Ihnen nachträglich.

Wenn Sie nun reagieren, indem Sie sagen: »Du hast gestern vergessen, mich anzurufen. Ich bin total enttäuscht. Anscheinend bin ich dir nicht wichtig. Ich frage mich, ob wir eigentlich wirklich Freunde sind«, würden Sie Ihrem Freund ganz offensichtlich unrecht tun. Und zwar sowohl, was seine Gefühle angeht (denn auch wenn er Ihnen erst am Folgetag gratuliert, hat er doch an Sie gedacht, also bedeuten Sie ihm sehr wohl etwas), als auch hinsichtlich seiner Möglichkeiten (wenn die Freundschaft mit Ihnen bedeutet, dass er niemals etwas vergessen und nie einen Fehler machen darf, wäre es wohl eine übermenschliche Aufgabe, mit Ihnen befreundet zu sein).

Wenn Sie dagegen zu ihm sagen: »Schön, dass du mir gratulierst. Zuerst war ich nämlich ein bisschen traurig, weil ich dachte, du hättest mich vergessen. Aber zum Glück hast du ja doch noch an meinen Geburtstag gedacht«, würden Sie Ihre Enttäuschung zwar äußern, gleichzeitig aber seine Gefühle und seine Aufmerksamkeit anerkennen.

Ihr Freund bekäme dann außerdem die Gelegenheit, Ihnen seine Zuneigung zu versichern und zum Beispiel Folgendes zu antworten: »Es tut mir leid, aber irgendwie hatte ich das Datum nicht im Kopf. Erst heute habe ich gemerkt, dass schon der Fünfte ist. Und ob du mir wichtig bist! Ich bin zwar vergesslich, aber das ändert doch nichts an unserer Freundschaft.« Ihre Bindung wird durch ein solches Gespräch eher gefestigt als gefährdet, denn so können Sie beide zum Ausdruck bringen, wie viel Ihnen an Ihrer Freundschaft liegt.

Meine Tipps

- Nehmen Sie Ihre Gefühle an und sagen Sie Ja zu Ihrer Hochsensibilität.
- Entschlüsseln Sie die Botschaften in Ihren Emotionen.
- Hinterfragen Sie Ihre Interpretationen.
- Sprechen Sie über Ihre Gefühle und respektieren Sie andere und deren Bedürfnisse.

Und wenn Sie explodieren? – Drei heikle Szenarien

Bisweilen werden hochsensible Menschen von ihren Gefühlen buchstäblich überwältigt. Dann kommt es vor, dass sie die Beherrschung verlieren, manchmal sogar im Beisein Dritter. Dies kann zu äußerst peinlichen Situationen führen. Was, wenn man zum Beispiel mitten in einer Besprechung in Tränen ausbricht? Wie soll man sich dann wieder fangen? Keine Panik! Anhand des folgenden kleinen Notfallplans erfahren Sie, wie Sie Gefühlsausbrüche in heiklen Situationen bewältigen können.

Wohlwollende Umgebung: Spielen Sie es herunter

Situation Nummer eins: Sie brechen in Anwesenheit von Menschen, die Ihnen zugetan sind (Freunde, Familie, nette Kollegen ...), in Tränen aus. Die anderen sind überrascht und betroffen angesichts der Heftigkeit Ihrer Reaktion. Sie nehmen an, dass es Ihnen sehr schlecht geht, und machen sich Sorgen um Sie.

In einem solchen Umfeld können Sie offen sagen, was Sie gerade empfinden. Oder Sie beschwichtigen die anderen, indem Sie erklären, dass Sie allgemein zu heftigen Reaktionen neigen (zum Beispiel »nah am Wasser gebaut« haben), was aber nicht heiße, dass es

Ihnen extrem schlecht geht oder Sie deprimiert sind. Sagen Sie, dass Sie einfach ab und zu ein Ventil für Ihre Gefühle brauchen und anschließend alles wieder ins Lot kommt. Bringen Sie, wenn möglich, eine Prise Humor ins Spiel und geben Sie ein paar unterhaltsame Details zum Besten, in denen sich auch andere wiedererkennen können (beim Happy End im Kino müssen Sie immer weinen, Ihnen kommen bei einem Wiedersehen mit guten Freunden vor lauter Rührung die Tränen). So können Sie die Dramatik der Situation herunterspielen.

Wenn die anderen Ihre Reaktionen besser einordnen können, werden sie diese nicht mehr als befremdlich und besorgniserregend wahrnehmen, sondern als Teil Ihrer Persönlichkeit. Sind die Anwesenden empathisch und verständnisvoll, müssen Sie sich nicht unbedingt vor ihnen schützen. Bieten Sie ihnen eine kurze Erklärung an, dann werden sie Ihre spontanen Gefühlsaufwallungen wahrscheinlich tolerieren.

Ablehnende Umgebung: Schützen Sie sich!

Sind die Anwesenden dagegen weniger wohlwollend und vermutlich nicht in der Lage, Empathie und Verständnis für Ihr Verhalten aufzubringen, selbst wenn man es ihnen erklären würde, dann seien Sie auf der Hut! Für Menschen, die Sie nicht mögen, gibt es keine größere Genugtuung, als zu sehen, wie Sie aus der Fassung geraten. Das verschafft ihnen ein Gefühl von Macht und Befriedigung.

Wenn irgend möglich, sollten Sie sich zurückziehen, sobald sich Ihr Gefühlausbruch ankündigt. Wenn Sie gerade in einem Meeting sind, verlassen Sie es unter einem geeigneten Vorwand (Sie müssen etwas holen, dringend etwas erledigen oder auf die Toilette). Suchen Sie einen Ort auf, an dem Sie ungestört sind, und nehmen Sie sich Zeit, »herunterzukommen«. Weinen Sie, wenn Ihnen danach ist, nehmen Sie sich eine kurze Auszeit, bis Sie sich ein wenig beruhigt haben. Unterstützend können Sie ein paar Entspannungsübungen machen (Atemübungen, positive Visualisierung oder Selbsthypnose, z. B. *Der innere Zufluchts- und Kraftort*, siehe S. 165).

Gehen Sie erst zu den anderen zurück, wenn Sie sich wieder gefasst haben. Ist der auslösende Vorfall für Sie so verstörend und traumatisch, dass Sie unmöglich in kurzer Zeit Ihre Fassung zurückgewinnen können, melden Sie sich unter einem Vorwand ab und gehen Sie nach Hause. Suchen Sie einen Ort auf, an dem Sie sich emotional sicher fühlen. Gewinnen Sie unbedingt Abstand, und bleiben Sie den anderen eine Weile fern.

Praktische Übung

Sammeln Sie sich

> Machen Sie je nach Situation die folgenden beiden Übungen, um sich zu beruhigen:

Atemübung: die 5-5-Methode

> Diese Übung lässt sich in fast allen Alltagssituationen völlig unbemerkt durchführen. Atmen Sie ein und zählen Sie dabei bis fünf, atmen Sie dann aus und zählen Sie wieder bis fünf. Wichtig: Holen Sie nicht zu tief Luft, um Hyperventilieren zu vermeiden. Machen Sie die Übung so lange, bis Sie sich etwas entspannter fühlen, mindestens jedoch zehnmal hintereinander.

Visualisierung

> Schließen Sie die Augen.
> Stellen Sie sich eine Farbe vor, die Sie mögen, weil sie beruhigend auf Sie wirkt oder Ihnen positive Emotionen vermittelt. Konzentrieren Sie sich auf Ihre Farbe, um sie noch besser zu visualisieren. Stellen Sie sich nun vor, dass die Farbe sich ausbreitet ... bis sie Ihren gesamten inneren Raum ausfüllt.

Wenn die Farbe sich so weit wie möglich ausgebreitet hat, stellen Sie sich vor, dass sie wie ein Zaubertrank durch Ihre Adern fließt – überallhin, wo sie von ihrem Körper gebraucht wird.

Während die Farbe durch Ihren Körper strömt, spüren Sie in sich hinein, und entdecken Sie, welche Empfindungen in Ihrer Vorstellung mit dieser Farbe verknüpft sind: Wohlbefinden ... Entspannung ... Behagen ... Gelassenheit ... Freude.

Wenn Sie sich etwas entspannter und ausgeglichener fühlen, öffnen Sie die Augen. Setzen Sie nun Ihren Alltag fort.

Feindselige Umgebung: Ziehen Sie Ihre Schlüsse

Was aber, wenn es unmöglich ist, sich eine Zeit lang zurückzuziehen? Wenn Sie von Ihren Gefühlen überwältigt werden? Oder sich verschätzt haben, und die anderen nicht so empathisch sind, wie Sie angenommen hatten? Wenn Menschen Sie verurteilen, denen

Sie eigentlich vertraut hatten? Das kommt leider vor.

Es kann sehr schmerzhaft sein, wenn andere mangels Empathie oder aus Grausamkeit die Gelegenheit nutzen, um Sie herabzuwürdigen, indem sie die üblichen Klischees über Hochsensible äußern (Schwäche, mangelnde Selbstbeherrschung, Unreife ...). Je besser Sie auf solche Reaktionen vorbereitet sind, desto effektiver können Sie sich dagegen schützen.

Vor allem haben Sie nicht den geringsten Grund, sich zu schämen, auch wenn man Sie genau das glauben machen will. Scham ist angebracht, wenn man etwas moralisch Verwerfliches getan hat. Sie aber haben sich nichts zuschulden kommen lassen. Umgekehrt wird ein Schuh daraus, denn in dieser Situation sind *Sie* das Opfer. Nicht Sie haben ein Problem, sondern die anderen haben Vorurteile.

Möglicherweise haben Sie auch ein schlechtes Gewissen, weil Sie sich nicht beherrschen konnten oder die anderen falsch eingeschätzt haben. Aber Ihre Gefühle sind nun einmal mit Ihnen durchgegangen. Die Situation ist ohnehin schon schlimm genug für Sie, machen Sie es sich also nicht doppelt schwer!

Immerhin bietet Ihnen ein solches Erlebnis Gelegenheit, etwas zu erfahren, das Ihnen womöglich ansonsten verborgen geblieben wäre (auch Hochsensible können schließlich keine Gedanken lesen). Die anderen haben nämlich ihr wahres Gesicht gezeigt. Die Situation ist also zwar sehr verletzend, aber zugleich auch äußerst lehrreich.

Wie jemand reagiert, wenn ein anderer weint, sagt viel über seine emotionale Intelligenz aus. Beweist er Empathie? Ist er fähig, die Gefühle anderer wahrzunehmen, zu verstehen und damit umzugehen? Kann er andere beruhigen oder trösten?

Am Verhalten des Betreffenden in einer solchen Situation zeigt sich auch seine Persönlichkeit. Sadisten etwa können nur mit Mühe ihre Genugtuung verbergen. Sie genießen es, das Leid anderer noch zu vergrößern, indem sie Salz in deren Wunden streuen.

Wer insgeheim etwas gegen Sie hat, wird die Gelegenheit nutzen, um seine Aggressionen auszuleben, und grausam zu Ihnen sein.

Die Masken fallen! Doch jetzt wissen Sie immerhin, woran Sie sind.

Praktische Übung

AUS unangenehmen ERFAHRUNGEN LERNEN

Was habe ich empfunden und geäußert?
Warum?
Wie haben die anderen auf meinen Gefühlsausbruch reagiert?
Was habe ich aus dieser Situation gelernt?

Kapitel 7

Gehen Sie auf andere zu

Vertrauen Sie Ihrem Gefühl

Sie verfügen über eine einzigartige Ressource, um Beziehungen zu anderen Menschen aufzubauen: Ihre Empathie. Sie können wahrnehmen, was Ihr Gegenüber empfindet, seine Gefühle und seine Situation verstehen. Im zwischenmenschlichen Bereich ist das ein nicht zu unterschätzender Vorteil. Sie haben also allen Grund, Ihre Begabung zu pflegen und Ihrem Gefühl zu vertrauen.

Praktische Übung

Trainieren Sie Ihre »Profiling«-Kompetenzen

Um Ihre Empathie zu testen und zu verbessern, beobachten Sie andere, sobald sich Ihnen Gelegenheit dazu bietet, zum Beispiel auf der Straße, in der U-Bahn oder im Büro. Das sollten Sie natürlich so unauffällig wie möglich tun, damit die Betreffenden sich nicht ausspioniert fühlen. Beobachten Sie bei Gruppen die Beziehungen der einzelnen Personen untereinander. Achten Sie besonders auf nonverbale Signale wie Körperhaltung, Gestik, Mimik oder Tonfall. Versuchen Sie, sich in andere hineinzuversetzen, ihre Standpunkte, Gedanken und Gefühle nachzuvollziehen. Ganz wichtig: Urteilen Sie nicht. Der andere ist nicht Sie. Er ist ein eigenes Wesen mit eigener Persönlichkeit und eigenen Wertvorstellungen, die Sie nicht unbedingt teilen müssen. Es geht darum, über den eigenen Tellerrand hinauszublicken und die Motive und Gefühle einer anderen Person wahrzunehmen. Es ist ein bisschen, als würden Sie in die Haut eines anderen schlüpfen. Prägen Sie sich Ihre Beobachtungen gut ein oder machen Sie sich Notizen.

Wenn Sie diese Übung als zu anstrengend empfinden, weil Sie mit den Emotionen der anderen überfordert sind, machen Sie sie immer nur kurz. Sobald es Ihnen zu viel wird, fokussieren Sie sich wieder auf Ihren Körper und Ihre Wahrnehmungen. Bei Bedarf können Sie eine kleine Selbsthypnose einschalten, um sich zu entspannen (z. B. *Der innere Zufluchts- und Kraftort*, siehe S. 165), oder sich mithilfe der *geschmeidigen Rüstung* (siehe S. 169) gegen die Informationen schützen, die aus Ihrer Umgebung auf Sie eindringen.

Mit dieser Übung schärfen Sie Ihre Aufmerksamkeit für die Gefühle anderer. Nutzen Sie die entsprechenden Informationen, um auf andere zuzugehen: Wenn Ihnen der betrübte Gesichtsausdruck eines Freundes aufgefallen ist, fragen Sie ihn, wie es ihm geht. Wenn Sie spüren, dass ein Angehöriger in Not ist, bieten Sie Ihre Hilfe an. Sie bringen alle Voraussetzungen mit, um die Bedürfnisse anderer zu verstehen und darauf optimal einzugehen.

Das heißt jedoch keineswegs, dass Sie die Welt retten sollen. Sie müssen auch sich selbst schützen. Sie können sich weder alles aufbürden, noch alle Probleme lösen. Aber wenn Sie Ihre Empathiefähigkeit noch weiter ausbauen, können Sie jenen beistehen, die Ihnen wichtig sind, und auch besser neue Kontakte knüpfen und pflegen – zu Menschen, an denen Ihnen wirklich etwas liegt.

Wählen Sie Ihre Kontakte sorgfältig aus

Auch Sie brauchen andere Menschen. Aber nicht irgendwelche.

Der Umgang mit Personen, die Vorurteile gegenüber Hochsensiblen haben, kann schmerzhaft sein und möglicherweise sogar ein negatives Selbstbild bei Ihnen bewirken. Es ist nicht angenehm, die Geringschätzung unsensibler Zeitgenossen zu spüren, die weder Ihre Gefühle noch Ihre Interessen verstehen können. Meiden Sie daher besser intolerante Menschen, die alles verurteilen, was über ihren eigenen engen Horizont hinausgeht. Da sie unfähig sind, Dinge auch einmal aus einer anderen Perspektive zu betrachten, werden sie ohnehin kein Verständnis für Sie aufbringen, sondern Sie bei jeder Gelegenheit mit ihrem Schubladendenken konfrontieren.

Natürlich hat man nicht immer die Wahl. Am Arbeitsplatz zum Beispiel können Sie einer voreingenommenen oder engstirnigen Kollegin wohl kaum aus dem Weg gehen. Wenn sich solche Kontakte nicht vermeiden lassen, bleiben Sie höflich, aber in sicherer Distanz. Geben Sie nicht zu viel von sich preis und lassen Sie das Thema Hochsensibilität möglichst außen vor. Nehmen Sie sich in Acht.

Regelrecht toxisch für Hochsensible können sadistisch veranlagte Menschen sein. Ihnen verschafft es Befriedigung, andere zu manipulieren, zu diffamieren und zu verletzen. Bei körperlichen Übergriffen auf ihre Opfer ist dies für jedermann augenfällig; schwieriger wird es, wenn die Gewalt auf der psychischen Ebene ausgeübt wird.

Einen Sadisten erkennt man nicht immer auf den ersten Blick. In der Kennenlernphase kann er sogar freundlich und verständnisvoll wirken. Doch seine übertriebene Fürsorglichkeit ist alles andere als echt, sie ist nur aufgesetzt; eine geschickte Täuschung, um aus anderen bestimmte Informationen herauszulocken. Sehr bald schon wird er diese Informationen dazu nutzen, seinem Opfer wehzutun und zu schaden. Anfangs durch eher harmlos wirkende verbale Seitenhiebe, später dann durch immer aggressivere Übergriffe und Demütigungen. Werden diese oft genug wiederholt, wird das Opfer irgendwann an sich und seinen Fähigkeiten zweifeln und sein Selbstwertgefühl infrage stellen.

Ein Sadist kann ganze Gruppen manipulieren, indem er sich die Vorurteile und Einstellungen der einzelnen Personen zunutze macht, um die Gruppe dazu zu bringen, jemanden auszugrenzen und herabzusetzen. Besonders charakteristisch sind diese Phänomene für Mobbing, sei es im schulischen oder im beruflichen Umfeld. Hier zeigt sich, wie toxisch dieser Persönlichkeitstyp sein kann.

Für einen Sadisten ist ein Hochsensibler ein gefundenes Fressen, weil hochsensible Menschen besonders leicht zu verletzen sind. Der Sadist, seinerseits überaus empfänglich für Sinnesreize, genießt die Effekte seiner Machenschaften umso mehr. Mit einem Hochsensiblen sein Spiel zu treiben reizt ihn ganz besonders. Je feinfühliger, komplexer und intelligenter die betreffende Person ist, desto mehr Spaß macht es ihm, sie zu erniedrigen. Als sei er neidisch auf die reiche Innenwelt seines Opfers und würde sie ihm nicht gönnen. Wenn Sie auf einen Sadisten treffen, gibt es nur eine Lösung: die Flucht. Entziehen Sie sich seiner Macht und jeder eventuellen Einflussnahme, indem Sie sich möglichst weit aus seinem Aktionsradius hinausbewegen.

Suchen Sie lieber die Gesellschaft von Menschen, die Ihnen ähnlich sind. Das können andere Hochsensible sein oder auch Normalsensible, die aufgeschlossen und tolerant genug sind, um Ihre Empfindsamkeit als etwas Positives zu betrachten. Sie müssen Ihre Wahrnehmung der Welt und der anderen mit Menschen teilen, die in der Lage sind, Ihre Sichtweise zu verstehen oder wenigstens anzuerkennen. Nichts ist so bereichernd, mitreißend und tiefgründig wie ein Austausch unter Hochsensiblen!

Überprüfen Sie Ihre Ansprüche

Wenn Sie zu jenen Hochsensiblen gehören, die sehr hohe Erwartungen an andere stellen und zu symbiotischen und exklusiven Beziehungen neigen, sollten Sie sich fragen, ob Sie nicht vielleicht deshalb so häufig enttäuscht werden, weil Sie die Messlatte zu hoch anlegen.

Natürlich geht nichts über eine Freundschaft mit einer anderen hochsensiblen Person, weil dann die Chancen für gegenseitiges Verständnis und Seelenverwandtschaft sehr gut stehen. Aber das Leben ist bunt, und die Menschen, denen Sie begegnen, sind unter Umständen ganz anders als Sie. Normalsensible Menschen, so aufgeschlossen sie auch sein mögen, werden nicht unbedingt das Gleiche wie Sie empfinden und nicht auf alle Ihre Gefühlslagen eingehen können.

Selbst unter Hochsensiblen werden Sie wohl niemanden finden, der Ihnen vollkommen gleicht. Immer wird es Unterschiede, Abweichungen oder Gegensätze geben. Die Übereinstimmung kann nie vollkommen sein. Sie ist immer nur eine Schnittmenge – mehr oder weniger groß, mehr oder weniger tiefgehend. Wir können nicht von anderen verlangen, dass sie uns hundertprozentig verstehen und sich ganz und gar mit uns identifizieren.

Woran aber erkennt man, ob die eigenen Erwartungen an andere überzogen sind? Wenn Sie von einer Freundin verlangen, dass sie Ihnen alle Bedürfnisse und Wünsche von den Augen abliest, wenn Sie von ihr erwarten, dass sie mit niemand anderem als mit Ihnen befreundet ist, wenn Sie nicht akzeptieren können, dass sie in manchen Dingen anders ist als Sie, und Sie ihr keinen Fehler nachsehen können, dann sind Ihre Erwartungen ziemlich sicher zu hoch. Sie verlangen von Ihrer Freundin, Ihre Vorstellungen perfekt zu erfüllen, was aber unmöglich ist. Wenn Sie ihre Freiheit so weit einschränken, dass sie nicht mehr sie selbst sein und nicht mehr tun und lassen kann, was sie will, dann besteht die Gefahr, dass die Freundschaft erkaltet und es schließlich zu einem Konflikt oder gar einem Bruch kommt.

Eine tragfähige Beziehung setzt voraus, dass jeder die Persönlichkeit und die Freiheit des anderen respektiert. Deswegen müssen wir die eigenen Ansprüche manchmal hinterfragen und uns immer wieder dazu anhalten, keine unrealistischen Forderungen zu stellen. Das heißt natürlich nicht, dass Sie alles einfach hinnehmen müssen. Der andere muss Sie ebenso respektieren wie Sie ihn. Beide Seiten müssen sich gleichermaßen für die Beziehung engagieren.

Meine Tipps

- Nutzen Sie Ihre Empathie, um andere zu verstehen und auf sie zuzugehen.
- Hüten Sie sich vor toxischen Beziehungen.
- Wählen Sie Ihre Kontakte sorgfältig aus.
- Verlangen Sie nichts Unmögliches von Menschen, denen Sie wirklich etwas bedeuten.

Kapitel 8

Gehen Sie achtsam mit sich um

Achten Sie auf Ihr Bauchgefühl

Es hat keinen Sinn, sich zu Aktivitäten zu zwingen, die Ihnen nicht liegen, die Ihrer Empfindsamkeit und Ihren Fähigkeiten nicht entsprechen. Man würde ja auch nicht eine Harfe oder eine Geige mit dem Schlagzeug begleiten. Hören Sie also auf, sich zu verbiegen! Sie müssen nicht die Hobbys Normalsensibler toll finden, um sich selbst zu beweisen, dass Sie genau so sind wie alle anderen. Versuchen Sie stattdessen, sich Ihre eigenen Bedürfnisse klarzumachen und Ihre Einmaligkeit zu respektieren und wertzuschätzen.

Agathe, 32:

»Ich sehe mir keine populären Serien mehr an.«

»Vor Kurzem habe ich beschlossen, mir keine Serien mehr anzuschauen. Nicht nur, dass ich von bestimmten Szenen Alpträume bekommen habe, ich fand auch die ganze Atmosphäre belastend. Die allgegenwärtigen Verschwörungsszenarien zum Beispiel ließen eine Art diffuser Paranoia bei mir entstehen.«

Hören Sie auf Ihr Bauchgefühl: Welche Aktivitäten sind Ihnen unangenehm, auch wenn sie vielleicht von anderen gehypt werden? Natürlich gibt es immer Ausnahmen, aber folgende Erfahrungen oder Erlebnisse stehen bei Hochsensiblen meist nicht sehr hoch im Kurs: Bilder oder Filme mit Gewaltszenen, laute Umgebungen, Smalltalk auf Partys, Reizüberflutung bzw. ein Übermaß an Eindrücken (es sei denn in Bereichen, die den Hypersensiblen besonders faszinieren). Menschliches Leid, gegen das man nichts ausrichten kann, und Aggressivität (egal ob körperlich, verbal oder unterschwellig) können Hochsensible in aller Regel nur schwer ertragen.

Versuchen Sie zu ergründen, was Sie empfinden (Angst, Traurigkeit, Wut, Ekel) und warum Ihnen etwas Bestimmtes unangenehm ist. Stört Sie die Lautstärke? Missfallen Ihnen die Gewaltdarstellungen? Oder die transportierten Weltbilder und Wertvorstellungen? Finden Sie eine Situation beängstigend oder deprimierend? Haben Sie den Eindruck, dass Ihre Gefühle und Bedürfnisse nicht respektiert werden?

Marianne, 33:

»Ich habe beschlossen, mich gegen die negative Informationsflut zu schützen.«

»Früher habe ich mir täglich die Abendnachrichten im Fernsehen angesehen. Aber all die Schreckensmeldungen, Katastrophenbilder und die wirtschaftlichen und sozialen Missstände, an denen ich nichts ändern konnte, haben mich regelmäßig runtergezogen. Irgendwann habe ich mich dazu durchgerungen, den Fernseher auszuschalten, um diese Flut von Informationen und Bildern nicht mehr aushalten zu müssen. Ich habe mich

> wieder auf meinen Alltag, auf meine Familie, meine Arbeit und meine Freunde fokussiert. Inzwischen fühle ich mich gelassener und auch wieder belastbarer.«

Vermeiden Sie nach Möglichkeit Situationen, dic Ihnen besonders unangenehm sind. Sie werden sehen: Die positiven Effekte werden nicht lange auf sich warten lassen!

Nehmen Sie sich Zeit für Ihre innere Einkehr

Tun Sie stattdessen lieber Dinge, die Ihnen zu Entspannung und innerer Harmonie verhelfen. Was Sie brauchen, sind Auszeiten, um die vielfältigen Anforderungen aus Ihrer Umgebung zu verarbeiten, die Eindrücke sacken zu lassen und Ihre Balance wiederzufinden. Sie brauchen diese Auszeiten auch zum Auftanken, denn Ihre Emotionen und deren Management zehren an Ihren Energiereserven. Nehmen Sie sich regelmäßig Zeit, um innere Einkehr zu halten. Gehen sie dazu an einen

Ort, an dem Sie ungestört sind, allein mit sich. Um Ihr inneres Gleichgewicht wiederzufinden, sind Meditation und Selbsthypnose hervorragende Techniken.

Praktische Übung

Meditieren Sie, um Ihre Mitte wiederzufinden

Der Fluss der Gedanken

Suchen Sie einen ruhigen und geschützten Ort auf, an dem Sie ungestört sind. Nehmen Sie sich für die folgende Übung mindestens 20 Minuten Zeit.

Gönnen Sie sich einen Moment der Stille ganz für sich allein, und machen Sie es sich bequem.

Fokussieren Sie sich auf Ihren Körper und auf Ihre Atmung ... Atmen Sie ruhig und regelmäßig. Achten Sie ganz bewusst auf die Bewegungen Ihres Körpers beim Atmen ... auf den Rhythmus, der dadurch entsteht ... und der Sie begleitet.

Fokussieren Sie sich jetzt auf Ihren Geist ... und auf Ihre Gedanken. Lassen Sie nach und nach alle Gedanken los ... schalten Sie ab. Wenn ein Gedanke auftaucht ... nehmen Sie sich Zeit, um ihn zu betrachten ... zu verstehen, was er Ihnen zu sagen hat ... und seine Botschaft zu hören ... und schicken Sie ihn dann in aller Ruhe zurück ... an seinen Platz in Ihrem Gedankenstrom ... damit er weiterfließen kann.

Stellen Sie sich nun vor, Sie sitzen am Ufer eines Flusses ... Ihres Gedankenflusses ... und betrachten das fließende Wasser ... aus der Entfernung. Lassen Sie Ihre Gedanken vorbeiziehen ... weiterfließen ... während Sie ganz entspannt am Ufer sitzen. Und jedes Mal, wenn ein Gedanke Ihre Aufmerksamkeit verlangt ... betrachten Sie ihn ... und schicken ihn dann zurück an seinen Platz im Fluss ... wo er mit der Strömung fortgetragen wird.

Wenn Sie auf diese Weise Ihren Geist von Gedanken befreit haben ... konzentrieren Sie sich auf das, was Sie hier und jetzt fühlen.

Leben Sie Ihre Sensibilität – so, wie es zu Ihnen passt

Man kann einer Harfe oder einer Geige fantastische Töne entlocken, vorausgesetzt, man behandelt sie mit Fingerspitzengefühl und weiß, wie man sie zum Klingen bringt. Auch hochsensible Menschen können ihre enormen Potenziale nur dann entfalten, wenn sie aus ihrer Umgebung Anerkennung und Wohlwollen erfahren. Um ihre Sensibilität zu pflegen, brauchen sie jedoch auch entsprechende Anregungen.

Diese finden Sie bei Aktivitäten, die zu Ihren Interessen und Idealen passen. Genießen Sie Ästhetik, Kunst, Bewegung und andere sinnliche Erlebnisse, die Ihren Bedürfnissen entsprechen. In diesen Bereichen werden Sie viele positive, wertvolle und intensive Erfahrungen machen, weil Sie sich in ihnen wiederfinden können.

Praktische Übung

Notieren Sie Ihre positiven Erfahrungen

Tragen Sie in die Liste ein, was Ihnen guttut:

Erlebnisse, bei denen ich positive Energie aus meiner Hochsensibilität schöpfen kann:

>

>

>

>

>

>

>

>

>

>

>

Meine Tipps

> Hören Sie auf sich!

> Schützen Sie sich, wenn irgend möglich, vor unangenehmen oder aggressiven Situationen.

> Leben Sie Ihre Sensibilität bei künstlerischen, feinsinnigen und kreativen Aktivitäten aus.

> Tauschen Sie sich mit anderen empfindsamen Menschen aus.

> Entdecken Sie Ihr Glückspotenzial ...

Sascha, 27:

»Ich entdecke meine Stärken.«

»Als ich klein war, habe ich mal in einem Film eine Zauberin gesehen, die die magische Kraft der Empathie besaß. Allerdings fiel es ihr schwer, mit ihrer Begabung umzugehen: Sie fühlte so intensiv mit allen Leuten mit, dass sie fast verrückt wurde. Irgendwann aber hat sie es geschafft, diese emotionale Kraft zur Verstärkung ihrer übrigen Fähigkeiten zu nutzen, sodass sie schließlich noch viel mächtiger war als zuvor. Das hat mich total beeindruckt. Lange habe ich geglaubt, Empathie sei etwas Übernatürliches, so wie jemanden zu teleportieren oder sich unsichtbar zu machen. Zwar habe ich mich mit dieser Zauberin identifiziert, es aber trotzdem nicht geschafft, meine Fähigkeiten in eine Stärke zu verwandeln.

Ich habe mich sehr allein gefühlt. In den Pausen lief ich oft ziellos auf dem Schulhof herum, in Trübsal versunken. Ich hatte übergroße Ängste, die kein Mensch verstand. Aber wenn man die Gefühle der anderen so gut nachempfinden kann, hat man automatisch auch Angst vor ihnen. Vielleicht denkt der und der ja das und das? Wahrscheinlich mag diese oder jene Klassenkameradin mich nicht? Was, wenn die anderen mich doof finden?

Es hat ziemlich lange gedauert, bis ich meiner Sensibilität etwas Positives abgewinnen konnte. Heute entdecke ich, welches Glück ich habe. Zum Beispiel rührt mich so manche Musik

zu Tränen, weil sie etwas kommuniziert, was man mit Worten nicht ausdrücken kann. Das Wechselspiel von Licht und Farben begeistert und überwältigt mich. Und wenn jemand mich zärtlich streichelt, tauchen manchmal allein durch diesen Berührungsreiz vor meinem geistigen Auge wunderbare Bilder, Farben und Strukturen auf. Man kann das nur schwer erklären, aber inzwischen bin ich wirklich froh über meine extreme Empfindsamkeit, weil sie mein Leben bereichert.«

Kapitel 9

Erweitern Sie Ihre Ressourcen durch Selbsthypnose

Das folgende Kapitel stellt eine Art Werkzeugkiste dar, aus der Sie sich nach Bedarf heraussuchen können, was Sie gerade brauchen und wonach Ihnen zumute ist. Hier finden Sie hypnotische Metaphern (bzw. Bilder), die Ihnen dabei helfen, mit Selbsthypnosetechniken Ihre inneren Ressourcen weiterzuentwickeln, um Ihre Hochsensibilität besser kanalisieren und entfalten zu können.

Was ist Hypnose?

Hypnose ist ein veränderter Bewusstseinszustand zwischen Schlafen und Wachen, der mehr oder weniger tief und somit mehr oder weniger weit vom Wachzustand entfernt sein kann. Hypnose kommt in der Psychotherapie zum Einsatz, weil durch sie ein Zustand der körperlichen Tiefenentspannung erreicht und auf diese Weise der Zugang zum Unterbewusstsein ermöglicht wird. Unter Umständen können so verborgene Ressourcen aufgedeckt und eine psychologische Veränderung beschleunigt werden.

Sie müssen sich aber nicht unbedingt in tiefe Trance versetzen; schon mit einer leichten Hypnosestufe können spürbare Effekte erzielt werden.

Therapietechniken wie Hypnotherapie oder Meditation, deren Ansatz in einer Veränderung des Bewusstseinszustands besteht, eignen sich für hochsensible Personen besonders gut. Angeblich erleben Hochsensible häufiger spontane Trancezustände als andere Menschen. Machen Sie also ausgiebig Gebrauch von Ihrer natürlichen Begabung!

Wozu Metaphern?

Die Metapher ist ein Bild, das aus seinem eigentlichen Bedeutungszusammenhang in einen anderen übertragen wird, mit dem es Ähnlichkeiten oder Gemeinsamkeiten aufweist. Mit einer Metapher können wir über etwas sprechen, ohne es direkt zu benennen.

In der Psychologie werden Metaphern verwendet, um den Patienten das Sprechen über psychische Probleme zu erleichtern; auf diese Weise können Abwehrmechanismen umgangen werden, sodass das Vordringen in unbewusste Bereiche möglich wird. Wovor sollte man auch Angst haben, da man das Tabuthema ja nicht direkt anspricht? Das Errichten von Barrieren ist dann nicht erforderlich. Man spricht über etwas anderes, Unverfängliches, das indirekt an tiefer liegende, unbewusste Probleme rührt und so eine Veränderung bewirkt. Nach diesem Prinzip identifizieren wir uns auch mit Filmhelden oder Romanfiguren. Sie sind nicht wir, aber sie sagen etwas über uns aus.

Jetzt sind Sie an der Reihe

Entspannen Sie sich

Wählen Sie für die folgende Übung einen passenden Zeitpunkt und einen Ort, an dem Sie abschalten und alle Gedanken loslassen können. Die Selbsthypnose gelingt zuverlässiger, wenn Sie ganz entspannt sind, bevor Sie eine therapeutische Metapher anwenden.

> Machen Sie es sich bequem. Legen Sie sich auf den Rücken und schließen Sie die Augen. Machen Sie sich zunächst die Position Ihres Körpers im Raum bewusst, spüren

Sie, wo er Kontakt mit dem Boden hat. Lassen Sie Ihren Körper ein wenig entspannen. Während Sie immer entspannter werden, konzentrieren Sie sich auf Ihre Atmung ... Sie atmen tief ... ruhig und regelmäßig. Bei jeder Einatmung spüren Sie, wie die Luft in Ihre Lungen strömt ... und sich in Ihrem Körper ausbreitet. Bei jeder Ausatmung spüren Sie, wie die Luft wieder ausströmt ... und mit ihr alles, was Sie loswerden wollen.

Atmen Sie ganz ruhig weiter ... Mit jedem Atemzyklus fühlen Sie sich lockerer und entspannter ... bis Ihr ganzer Körper von einer wohligen Ruhe erfüllt ist.

Nun sind Sie gut vorbereitet für eine therapeutische Metapher.

Der innere Zufluchts- und Kraftort: Gestalten Sie Ihren individuellen Rückzugsraum

Diese Metapher können Sie individuell so ausgestalten, dass sie optimal zu Ihren persönlichen Bedürfnissen passt. Auf diese Weise schaffen Sie sich einen Rückzugsort, der Sie gegen die Stürme der Außenwelt schützt und Ihnen so die Kraft gibt, diesen Stürmen zu trotzen.

Stellen Sie sich einen Ort vor, der für Sie der Inbegriff von Geborgenheit ist und an dem Sie sich zugleich regenerieren können. Einen Ort, an den man sich zurückzieht, um sich sicher zu fühlen, aber auch, um Kraft zu tanken. Von dem man gestärkt wiederkehrt, gut gerüstet, um den Herausforderungen der Welt entgegenzutreten. Das kann ein Ort sein, den Sie kennen ... an dem Sie schon einmal waren ... oder auch ein Fantasieort, den Sie sich selbst erschaffen. Das spielt keine Rolle. Es ist Ihr ganz persönlicher Ort, und er ist genau so, wie Sie ihn sich wünschen.

Ordnen Sie diesem Ort charakteristische Sinneseindrücke zu, um ihn sich noch kraftvoller vorstellen zu können. Vielleicht gibt es dort besondere Farben ... Lassen Sie diese Farben ganz in Ruhe auf sich wirken. Als würden Sie ein Gemälde betrachten ... und versuchen, die verschiedenen Schattierungen wahrzunehmen, in denen der Künstler gemalt hat ... Lassen Sie das Licht auf sich wirken ... die Perspektive ... und entdecken Sie die Formen. Machen Sie sich bewusst, welche Vielfalt an visuellen Eindrücken Ihr innerer Zufluchts- und Kraftort zu bieten hat.

Vielleicht gibt es an Ihrem Ort auch bestimmte Klänge ... Geräusche ... oder Musik ... Lauschen Sie aufmerksam ... Hören Sie ganz genau hin, um sie noch genauer wahrzunehmen.

Vielleicht gibt es aber auch besondere Gerüche ... Aromen, Düfte ... die typisch für diesen Ort sind und ihn in Ihrer Vorstellung noch deutlicher erstehen lassen. Nehmen Sie sich auch hier wieder Zeit, um all diese charakteristischen Gerüche und Düfte ... zu erspüren.

Oder aber Sie nehmen mit Ihrem Tastsinn bestimmte Reize wahr ... Berührungen ... Materialien, Strukturen ... Lassen Sie sich auch hier wieder Zeit, diesen Empfindungen nachzuspüren ... damit Ihr Ort sinnlich erfahrbar wird.

Lassen Sie alle diese Eindrücke auf sich wirken ... dann wird Ihr innerer Zufluchts- und Kraftort mehr und mehr Gestalt und Klarheit annehmen.

Während Ihr Ort immer präsenter wird ... spüren Sie in aller Ruhe den Sinneseindrücken und Gefühlen nach, die für Sie mit ihm verbunden sind ... und Sie werden Ruhe empfinden ... Wohlbehagen ... Geborgenheit ... Kraft ... Energie ... Wahrhaftigkeit ... Vertrauen ... und Zufriedenheit.

Wenn der richtige Zeitpunkt gekommen ist, legt der Teil Ihres Unterbewusstseins, der für Ihr seelisches Wohlergehen zuständig ist und weiß, was Ihnen guttut, diesen inneren Zufluchts- und Kraftort an einem Platz Ihres Selbst ab ... wo Sie ihn ganz leicht wiederfinden können ... wann immer Sie ihn brauchen.

Machen Sie sich bewusst, wie beruhigend und wohltuend es ist, einen solchen Ort in sich zu tragen ... und jederzeit zu ihm zurückkehren zu können.

Die geschmeidige Rüstung: Schützen Sie sich gegen Reizüberflutung

Hochsensible fühlen sich häufig von der Flut an Eindrücken aus ihrer Umgebung überfordert. In solchen Situationen ist es sinnvoll, sich zu schützen. Die folgende Metapher kann Ihnen helfen, die Wucht Ihrer Wahrnehmungen abzumildern, ohne auf deren wertvolle Informationen verzichten zu müssen. Dank der »geschmeidigen Rüstung« können Sie die Reizüberflutung bewältigen und Ihre Wahrnehmungen auf Abstand halten.

> Stellen Sie sich eine geschmeidige Rüstung vor: Sie besteht aus einem Wundermaterial ... sodass sie ganz leicht ist ... luftig ... und vollkommen unsichtbar.
>
> Lassen Sie Ihrer Fantasie freien Lauf ... und wählen Sie selbst ... woraus Ihre Rüstung bestehen soll ... damit sie sich perfekt an Ihre Bedürfnisse anpasst. Wie ein Filter schützt die Rüstung Sie vor der Außenwelt ... ist aber gleichzeitig durchlässig für alle für Sie wertvollen Informationen.

Legen Sie Ihre Rüstung ruhig einmal an ... Sie werden merken, wie gut sie sitzt. Spüren Sie, wie leicht sie auf Ihren Schultern liegt ... Ihre Haut berührt ... Streichen Sie einmal mit der Hand über die Rüstung, um die Weichheit des Materials zu ertasten und zu fühlen.

Mit dieser Rüstung können Sie sich frei und ungezwungen bewegen ... sie passt sich Ihren natürlichen Bewegungsabläufen an ... und ist so leicht und bequem ... dass Sie sie irgendwann gar nicht mehr spüren ... Sie fühlt sich an wie eine zweite Haut ... und ist so unauffällig, dass niemand sie bemerkt ... Sie ist unsichtbar.

Und während Sie sich nach außen hin verhalten wie immer ... und Ihrem üblichen Alltag nachgehen, empfinden Sie tief im Innern ein Gefühl der Sicherheit ... der Geborgenheit und Kraft ... der Zuversicht ... und des Vertrauens.

Behalten Sie diese Rüstung an, solange Sie wollen.

Die Schleusen: Beziehungen Schritt für Schritt vertiefen

Diese Metapher soll Sie dabei unterstützen, im Umgang mit anderen Menschen besser mit Ihren Kräften zu haushalten. Teilen Sie Ihren inneren Reichtum und Ihre außergewöhnliche Empfindsamkeit nur mit jenen, die es wirklich verdienen.

> Stellen Sie sich einen kleinen Fluss vor, der friedlich dahinplätschert. Auf einem hübschen, stabilen Boot fahren Sie ganz gemächlich diesen Fluss hinab. In einiger Entfernung kommt langsam die erste von mehreren Schleusen in Sicht, die hintereinander angeordnet sind und Sie weiter flussabwärts führen …
>
> Diese Schleusen stehen sinnbildlich für die Phasen Ihrer Beziehungen zu anderen Menschen … Je mehr Schleusen Sie durchfahren, desto enger wird die Bindung … und desto mehr werden Sie von sich selbst entdecken und einbringen. Allerdings gelangt man nur dann ohne Schwierigkeiten durch die Schleusen, wenn die Voraussetzungen

zungen stimmen, um sich auf die nächste Etappe einzulassen. Denken Sie an eine bestimmte Person und an das Verhältnis zu ihr, und stellen Sie sich vor, wie Sie langsam eine Schleuse passieren ... ganz sachte ... in Ihrem eigenen Tempo.

Wenn Sie die erste Schleuse hinter sich haben, lassen Sie sich erst einmal Zeit und halten Sie eine Weile Kurs innerhalb dieser Etappe Ihrer Beziehung. Überlegen Sie, was Sie mit dieser Person gemeinsam erlebt haben ... ob Ihre Zuneigung auf Gegenseitigkeit beruht ... ob die andere Person es ehrlich mit Ihnen meint ... und wie groß der Respekt und das Verständnis füreinander sind. Fragen Sie sich ganz offen, ob die andere Person ... oder Sie selbst ... zum jetzigen Zeitpunkt ... Ihre Beziehung gerne vertiefen würden ... oder nicht.

Vielleicht ist der Kontakt angenehm, so, wie er ist ... und könnte ohne Weiteres auf dieser Ebene weitergehen ... ohne dass sich irgendetwas ändern muss. Vielleicht benötigen Sie aber auch noch etwas Zeit ... um die Beziehung besser einschätzen zu können ... Warten Sie dann einfach noch eine Weile ... mit Ihrer Entscheidung.

Vielleicht stehen aber auch die Zeichen günstig für Sie beide ... und die Zeit ist gekommen ... um die nächste Schleuse anzusteuern ... und Ihre Beziehung zu vertiefen.

Auf diese Weise durchfahren Sie Schleuse um Schleuse ... so viele Sie möchten ... bis Ihre Bindung die Tiefe erreicht hat ... die Ihren Wünschen und Bedürfnissen entspricht.

Sonnenaufgang am Meer: Finden Sie zu innerer Ruhe

Die folgende Metapher soll Ihnen helfen, sich zu beruhigen, wenn Ihre Gefühle wieder einmal zu hohe Wellen geschlagen haben, und zu innerer Ausgeglichenheit zurückzufinden.

Stellen Sie sich eine Gegend am Meer vor ... in der Morgendämmerung ... kurz vor Sonnenaufgang. Sie wandern auf einem Küstenpfad ... hoch über einer

Bucht ... Von hier aus haben Sie einen weiten Blick auf den Strand ... das Meer ... und den Horizont.

Noch aber liegt alles in vollkommener Dunkelheit ... und die Umrisse der Landschaft, die sich vor Ihnen ausbreitet, können Sie nur erahnen ... Sie hören das Rauschen der Wellen ... die Schreie der Möwen ... Sie riechen die salzige Seeluft ... und spüren die Meeresbrise in Ihrem Haar und auf Ihrer Haut.

Das Meer ist in diesem Moment der Spiegel Ihrer Seele ... Das Tosen der Wellen entspricht dem Sturm Ihrer Gefühle.

Aber dort, wo Sie sind, sind Sie gut geschützt ... und können alles aus sicherer Entfernung beobachten.

Geben Sie sich nun ganz dem Schauspiel des Sonnenaufgangs hin. Zunächst ist es nur ein schwacher Schimmer am Horizont ... kaum sichtbar ... und fahl ... der dann aber immer kräftiger wird ... leuchtet und sich ausbreitet ... bis nach und nach die ganze Landschaft hell erstrahlt.

Und je mehr sich dieser Schimmer in Licht verwandelt ... desto leiser wird das

Rauschen der Wellen ... immer schwächer ... immer ferner ... bis es irgendwann nur noch ein sanftes und beruhigendes Wispern ist ... das die Landschaft erfüllt und Sie einhüllt.

Und je deutlicher sich die Sonne am Horizont abzeichnet ... je höher sie aufsteigt ... und dabei Tausend Farbtöne über den Himmel ergießt ... desto ruhiger wird das Meer ... und die Wogen glätten sich ... um Platz für dieses Naturschauspiel zu machen ... diese Explosion aus Licht und Farben.

Nach und nach löst sich das Morgenrot schließlich auf ... und je mehr es einem wolkenlosen Himmel weicht ... desto heller wird die Landschaft um Sie herum ... immer klarer ... ruhiger ... und strahlender.

Sie sind nun ganz entspannt ... und ein wohliges Gefühl der Ruhe breitet sich in Ihrem Innern aus.

Das innere Lächeln: Tun Sie sich selbst etwas Gutes!

Die folgende Metapher ermöglicht Ihnen, sich selbst in eine positive Stimmung zu versetzen. Diese Erfahrung ist für Hochsensible ein besonderer Genuss, weil sie sie so intensiv erleben.

Machen Sie sich selbst ein Geschenk ... Schenken Sie sich selbst ein Lächeln ... Es kostet Sie nichts ... Es ist ganz einfach ... und unendlich wohltuend.

Lassen Sie dieses Lächeln tief in Ihrem Herzen wachsen ... immer strahlender werden ... wie eine innere Sonne ... die Ihren ganzen Körper ... und Ihren Geist erfüllt.

Spüren Sie, wie dieses Lächeln Sie wärmt ... und Sie erleuchtet ... Sie vollkommen erfüllt mit einem Gefühl der Ausgeglichenheit und Freude.

Kosten Sie Ihr inneres Lächeln noch eine Weile aus ... Genießen Sie dieses Geschenk an sich selbst, so lange Sie mögen.

Lösen Sie die Metapher sanft auf

Lassen Sie sich nach jeder Metapher genügend Zeit, um sich wieder auf das Hier und Jetzt zu besinnen und zu erwachen – vor allem, wenn Sie einen besonders tiefen Entspannungszustand erreicht haben.

Konzentrieren Sie sich noch einmal intensiv auf Ihre Atmung.

Atmen Sie ganz bewusst ein … und wieder aus. Spüren Sie, wie sich nach jedem Atemzug Ihre Aufmerksamkeit, mit der Sie ganz bei sich waren, ein bisschen mehr nach außen richtet und Sie immer wacher werden.

Werden Sie sich schon einmal der Position Ihres Körpers im Raum bewusst … und stellen Sie sich das Zimmer vor, in dem Sie sich befinden.

Wenn Sie sich dann ganz wach fühlen … aufmerksam … und zugleich völlig entspannt … öffnen Sie die Augen und wenden Sie sich ausgeruht und erfrischt wieder Ihrem Alltag zu.

Epilog

Sie sitzen in aller Ruhe in einem behaglichen, kleinen Café an einem Tisch nahe beim Fenster und lassen Ihren Blick versonnen nach draußen schweifen. Ihr Stuhl ist bequem und lädt zum Ausruhen ein. Dieses Café haben Sie nicht zufällig gewählt. Um diese Tageszeit ist es nur schwach besucht, sodass die wenigen Gespräche um Sie herum eine sehr dezente Geräuschkulisse bilden, die gut auszuhalten ist. Keine Hintergrundmusik lenkt Sie ab oder zwingt Ihnen eine Stimmung auf, die nicht zu Ihrer eigenen passt.

In dieser ruhigen Atmosphäre fällt es Ihnen leicht, Ihre Aufmerksamkeit zu entfalten. Sie schnappen Gesprächsfetzen auf, von Zeit zu Zeit auch ein Lachen, flüchtiges Zeichen einer Emotion, die ganz in Ihrer Nähe entsteht, deren Widerhall eine fast sehnsuchtsvolle Erinnerung an vergangene Zeiten bei Ihnen auslöst und ein kaum merkliches Lächeln auf

Ihre Lippen zaubert. Bis sich Ihr Interesse anderen Wahrnehmungen zuwendet.

Durchs Fenster können Sie dem Strom der Passanten zusehen. Wie sie sich kleiden, wie sie gehen, sich verhalten, ihre Gesichtsausdrücke ... Sie versuchen zu erraten, was in ihnen vorgeht und was sie denken. Leute zu beobachten ist immer interessant. Stundenlang könnten Sie so dasitzen und hinausschauen, einfach nur zum Zeitvertreib.

Die Frau im roten Mantel wirkt gehetzt. Sie sieht dauernd auf ihr Handy, steckt es dann nervös wieder weg, nur um es sofort wieder hervorzuholen. Sie scheint verärgert. Fast können Sie ihre Unruhe spüren, die sich langsam aber sicher in Wut verwandelt.

Auf der anderen Straßenseite geht ein Kind mit bedächtigen Schritten hinter seinen Eltern her, voller Stolz trägt es eine riesige Tüte. Wahrscheinlich haben sie ihm gerade eben ein neues Spielzeug gekauft. Es wirkt ergriffen und aufgeregt zugleich. Sie können förmlich spüren, dass es ganz kribbelig ist vor Freude. Und Sie müssen daran denken, wie Sie selbst früher voller Ungeduld das Weihnachtsfest herbeigesehnt haben und wie selig

Sie waren, als Sie endlich all die herrlichen Päckchen unter dem Tannenbaum ausgebreitet sahen. Sie spüren genau, wie es sich anfühlte, damals. Ist das wirklich schon so lange her?, fragen Sie sich staunend. Dann zieht das Gefühl sachte weiter.

Ihr Blick schweift nun wieder hinaus auf die belebte Straße. Draußen geht Arm in Arm ein Liebespaar vorbei. Der Gang der beiden ist federleicht, sie bewegen sich in vollkommenem Einklang, ineinander versunken, als seien sie ganz allein auf der Welt. Wie schön dieses Paar ist! Sein Anblick löst ein heftiges Gefühl in Ihnen aus, das Ihr Herz weit macht und Sie schwindlig werden lässt. Es ist einmalig!

Dann wenden Sie Ihren Blick ab. Sie fokussieren sich auf Ihren Körper, um die Welle der Emotionen in den Griff zu bekommen und langsam abklingen zu lassen. Die angenehme Wärme des weißen Porzellans der Tasse an Ihren Händen signalisiert Ihnen, dass Ihr Getränk nun genau die richtige Temperatur hat, um endlich gekostet zu werden. Eine leckere, hausgemachte Schokolade ... O nein, dieses Café haben Sie nicht zufällig ausgewählt. Sie genießen jeden Schluck und geben sich Ihren Empfindungen hin. Sie ertappen sich sogar dabei, dass Sie die Augen schließen, um sich besser auf Ihre Innenwelt konzentrieren zu können.

Da unterbricht eine Hand auf Ihrer Schulter Ihre Träumerei. Der Freund, den Sie erwartet haben, steht plötzlich vor Ihnen: »Hallo, wie schön, dich zu sehen!« Seine freudige Erregung ist ihm ins Gesicht geschrieben. Sie stehen auf und umarmen ihn herzlich. »Ich freue mich auch riesig!« Als Sie einander dann gegenübersitzen, braucht es keine Worte, um auszudrücken, welche Nähe zwischen Ihnen in all den Jahren Ihrer Freundschaft entstanden ist. Ihre Blicke sprechen Bände.

Ausblick

Sie wissen jetzt: Ihre Hochsensibilität ist eine Ressource. Sie haben also allen Grund für ein positiveres Selbstbild. Schrauben Sie Ihre Ansprüche an sich selbst herunter und nehmen Sie Ihre Emotionen an. Lernen Sie, wie Sie toxische Menschen erkennen können, um sich besser gegen sie zu schützen. Schenken Sie Ihre Zuneigung jenen, die sie wirklich verdienen, doch verlangen Sie nicht zu viel von Menschen, die Ihnen aufrichtig zugetan sind. Nutzen Sie Ihre Hochsensibilität, um Probleme besser zu begreifen und zu lösen, und setzen Sie auf Ihre Empathie, um Kontakte zu knüpfen und Beziehungen aufzubauen. Vertrauen Sie Ihrem Bauchgefühl! Achten Sie auf Ihre Bedürfnisse. Nehmen Sie sich Zeit, um Ihre innere Balance zu pflegen, dann werden Sie es auch leichter haben, Ihre Emotionen zu kontrollieren. Entfalten Sie Ihre Hochsensibilität bei Aktivitäten, die Ihnen

Spaß machen und Ihrem Wesen entsprechen. Finden Sie Ihren ganz persönlichen Weg, um Ihr Potenzial zu entwickeln, und sagen Sie ja zu einem intensiven Leben!

Literaturverzeichnis

ARON, Arthur, KETAY, Sarah u. a., »Temperament trait of sensory processing sensitivity moderates cultural differences in neural response.« *Social Cognitive and Affective Neuroscience*, 5, 2010, S. 219–226.

ARON, Elaine, *Sind Sie hochsensibel?*, Heidelberg: mvg, 2005.

ARON, Elaine, »The clinical implication of Jung's concept of sensitiveness.« *Journal of Jungian Theory and Practice*, 8/2, 2006, S. 11–43.

ARON, Elaine, ARON, Arthur und JAGIELLOWICZ, Jadzia, »Sensory processing sensitivity: a review in the light of the evolution of biological responsivity.« *Personality and Social Psychology Review*, 16/3, 2012. S. 262-282.

CANNON, Walter Bradford, *Wut, Hunger, Angst und Schmerz: eine Physiologie der Emotionen*, 1929.

DARWIN, Charles, *Der Ausdruck der Gemütsbewegungen bei dem Menschen und den Tieren*, 1872.

DAMASIO, Antonio, *Descartes’ Irrtum*, Berlin: List, 2004.

EKMAN, Paul, »An argument for basic emotions.« *Cognition and Emotion*, 6, 1992, S. 169-200.

GARDNER, Howard, *Multiple Intelligences. The Theory in practice. A reader*, New York: Basic Books, 1993.

GOLEMAN, Daniel, *EQ. Emotionale Intelligenz*, 29. Auflage, München: dtv, 2019.

GOLEMAN, Daniel, Working with Emotional Intelligence, New York: Batam Books, 1998.

JONSSON, Kristoffer, GRIM, Katarina und KJELLGREN, Anette, »Do highly sensitive persons experience more nonordinary states of consciousness during sensory isolation?.« *Social Behavior and Personality*, 42/9, 2014, S. 1495-1506.

JUNG, Carl Gustav, *Psychologische Typen*, 1921.

LELORD, François, und ANDRÉ, Christophe, *Die Macht der Emotionen und wie sie unseren Alltag bestimmen*, München: Piper, 2008.

NARDONE, Giorgio, und WATZLAWICK, Paul, *Irrwege, Umwege und Auswege: zur Therapie versuchter Lösungen*, Huber: Bern, 1994.

MELCHIOR, Thierry, *Créer le réel. Hypnose et thérapie*, Paris: Éditions du Seuil, 1998.

SPATH, Antoine, *Ne plus se laisser manipuler*, Paris: Leduc.s Éditions, 2015.

YOUNG, Jeffrey E., und KLOSKO, Janet S., *Sein Leben neu erfinden*, Paderborn: Junfermann, 2006.